Robert Forrer

Die Gräber- und Textilfunde von Achmim-Panopolis

Robert Forrer

Die Gräber- und Textilfunde von Achmim-Panopolis

ISBN/EAN: 9783743429895

Hergestellt in Europa, USA, Kanada, Australien, Japan

Cover: Foto ©ninafisch / pixelio.de

Manufactured and distributed by brebook publishing software (www.brebook.com)

Robert Forrer

Die Gräber- und Textilfunde von Achmim-Panopolis

Die

Graeber- und Textilfunde

von

Achmim-Panopolis

von

R. FORRER

mit 16 Tafeln : 250 Abbildungen

in Photographie, Autographie, Farbendruck und theilweisem Handcolorit, nebst Cliché-Abbildungen
im Text; Text und Tafeln auf Cartonpapier.

Nur in wenigen numerirten Exemplaren abgegeben.

Strassburg 1891
Druck von Emil Birkhäuser, Basel.
Photographie von Mathias Gerschel, Strassburg.
Autographie und Farbendruck von R. Fretz, Zürich.
---❯- Nicht im Buchhandel -❮---

VORWORT.

Aufgefordert durch zahlreiche Fachleute und getrieben von dem Wunsche, die merkwürdigen Funde, welche uns die letzten Jahre gebracht, allgemeiner bekannt zu machen, sie eingehender besprochen zu sehen, übergebe ich hiemit vorliegende Publikation den Interessenten. Die Zahl dieser ist gross, denn sowohl die Wissenschaft, als die moderne Industrie, diese in den kunstgewerblichen Anstalten, jene in den archäologischen Museen verkörpert, finden in diesen neu aufgedeckten Schätzen werthvolles Material zu nutzbringendster Verarbeitung: Unsere Kenntniss über die antike Webetechnik ist durch diese Funde auf das Beste gefördert worden. Dem Archäologen bietet sich ein geradezu unerschöpfliches Vergleichsmaterial. Zur Würdigung der römischen und byzantinischen Kunst haben sich hier neue Thore geöffnet, und selbst Urgeschichts- und Völkerwanderungszeit-Forscher werden hier überraschende Anklänge an heimische Vorkommnisse finden. Die Costüm- und Waffenkunde, die Farbenlehre und zahlreiche andere Disciplinen haben ein durchaus neues, noch unausgebeutetes Studienmaterial vor sich. Zur frühchristlichen Archäologie bieten sich Anhaltspunkte, die jene der Katakomben trefflich ergänzen, und auch die Epigraphie findet eine Reihe von Inschriften in z. Th. neuer oder wenig bekannter Form. Dem Kunstgewerbe endlich sind in diesen Funden mustergültige Vorlagen und technische Anregungen geboten, wie sie reicher kaum gedacht werden können.

Das ungeahnt reiche Material ist gross, aber bereits weit zerstreut. Eine zusammenfassende Behandlung desselben erforderte nicht nur langes Specialstudium und weite Reisen, sondern vor Allem auch grosse materielle Mittel zu zahlreichen Reproductionen in Phototypie und Farbendruck. Ich habe mich deshalb in der vorliegenden Arbeit darauf beschränkt, nur das Wichtigste, Wissenswertheste und Nöthigste zu sagen, und mich bei Auswahl der Abbildungen an Originale meiner Sammlung zu halten. Auch hier noch musste ich meinem Wunsche, sämmtliche interessanteren Stücke zu reproduciren, Grenzen setzen. Ich behalte mir deshalb vor, in einem zweiten Bande die Seidengewebe und Seidestickereien, deren ich von Achmim nie gesehene Unica besitze, ausführlicher zu behandeln und abzubilden, sowie in weiteren Arbeiten auch anderen noch offener Fragen gerecht zu werden. Dahin gehört u. A. eine fachmännische Behandlung des craniologischen Materials von Achmim-Panopolis. Später eventuell können andere Collectionen herangezogen werden und diese in Form neuer Bände das vorliegende Material erweitern und ergänzen helfen.

Strassburg i./E., Neujahr 1891.

R. Forrer.

Inhalt.

Vorwort . . . . pag. 3
Einleitung (Vorgeschichte dieser Funde) „ 9
Die Fundverhältnisse (Fundort, Gräber. Bestattungsart) . . . . . . „ 11
Die Grabbeigaben (Waffen, Schmuck, Geräthe) . . . . „ 12
Die Todtengewänder (Mützen, Schleier, Togen, Tuniken, Strümpfe, Schuhwerk) „ 13
Die Textilien (Leinwand, Wolle, Seide, Weberei, Wirkerei, Stickerei, Zeugdruck, Posamentirarbeit) . . . . „ 17
Die Dessins der römischen Epoche (Ornamente, Thiere, Menschenfiguren) . „ 19
Die Dessins der Uebergangsperiode (Auftreten christlicher Symbole, Beginn der Farbenornamentik) . . . . . „ 21
Die Dessins der byzantinischen Zeit (byzantinischer Styl, Farbenmosaik, Heiligenbilder) . . . . „ 23
Buchstabenornamentik und Inschriften auf Textilien. . . . . „ 25
Datirung und Zuweisung der Necropole von Achmim . . . . . „ 26
Die Abbildungen:

Tafel I. — Schmuckgegenstände und Grabbeigaben. — (Photographie; 1:2.3.)

1. Kreuz-Amuletanhänger aus Elfenbein.
2. Ohrgehänge aus grau-grünem Glase und weiss-blauer Glasborte.
3. Steinerne Perle (oder Wirtel), auf der Rückseite flach.
4. Kleines bronzenes Ohrgehänge mit facettirtem Knopf.
5. Thönerne Perle (oder Wirtel).
6. Hölzernes Ohrgehänge mit Zinnperlen.
7. Silbernes Ohrgehänge mit verschiedenfarbigen Glasperlen.
8. Bronze-Ohrgehänge, vergoldet, mit Kreuz als Mittelzier.
9. Haarpfeil aus polirtem Holze.
10. Silbernes Ohrgehänge mit Filigranquerbalken und drei Schellengehängen.
11/12. Goldene Ohrgehänge mit aufgesetzten Goldkügelchen.
13. Beinerne durchbohrte Scheibe zum Anhängen.
14. Steinerne cannelirte Perle (oder Wirtel).
15. Bronze-Pfeilspitze mit Widerhaken.
16. Silbernes Filigran-Ohrgehänge.
17. Filigran-Ohrgehänge aus Bronze mit eingesetzter Amethystperle.
18. Beinerner Pfriem mit länglichem Oehr.
19. Bronze-Gürtelschnalle mit Kreuz als Mittelzier und eingepunzten Kreis- und Linienornamenten.
20. Armring aus Bronze mit eingeschlagenen Ornamenten.
21. Perle aus Zinn.
22. Eisen-Ohrgehänge mit geschliffenen Achatperlen.
23. Gläserner Armring, grün, mit weiss-schwarzen Gladperlen.
24. Eiserner Armring.
25. Hörnerner Handgelenkring eines Kindes.
26. 27. Bronzene Arm- und Handgelenkringe.
28. Eiserner Fingerring mit Schlüssel.
29. Zwei gr. Bernsteinperlen u. 7 blauglasirte Biscuitperlen.
30.—34. Bronze-Pfeilspitzen mit je drei Flügeln.
35. Grosser bronzener Halsring mit Ornamenten.
36.—38. Handgelenkringe für Kinder.
39. 40. Verzierte Schmuckkämme aus Holz.

Tafel II. — Textilien der römischen Epoche. — (Photographie; 1:3.5.)

1. Rankenbordüre mit reichem Blattwerk, braun auf weiss.
2. Bordüre mit fünf Scenen von mit Thieren kämpfenden Gladiatoren, dunkelbraun auf weiss; die Details mit zarten Nadelstichen in weissem Leinenfaden hergestellt.
3. Phrygischer Reiter oder Amazone, einen Stein schleudernd; braun auf weiss.
4. Blaue Bordüre mit Hase, Löwe, Mann und Gazelle.
5. Doppelte Rankenbordüre mit 12 Frauenbüsten; braun auf weiss.
6. Centaur e. Stein schleudernd; braun auf weiss, Mantel roth.
7. Zwei Negerinnen mit Arm- und Fussringen, und 2 Knaben auf weiss; dunkelviolett auf weiss.
8. Rankenbordüre mit Hasen, Löwe und Gazelle; br. auf w.
9. Jäger mit Tunika, den Spiess vorhaltend; braun auf weiss.
10. Gewebe mit zottiger Doppelborte.

Tafel III. — Textilien der römischen Epoche. — (Photographie; 1:4.5.)

1. Rankenbordüre mit Früchten; schwarz auf weiss.
2. Grosser Vollbesatz mit Gladiator, Löwen und Hasen; braunviolett auf weiss.
3. Vollbesatz mit Nymphen, Genien, Tritonen, Porträtmedaillons, Meerperlen, Delphinen etc.; braun auf weiss mit wenig eingestreuten andern Farben.
4. Hase oder Kaninchen aus Beeren fressend; die Traube mehrfarbig, sonst braun auf weiss.
5. Grosser Vollbesatz mit reichster Linienornamentik, weiss auf schwarz.

— 6 —

6. Ovales Vollbessin mit Schlingornam., weiss auf rothbraun.
7. Bordüre, violett, mit „laufendem Hund".
8. Doppelbordüre, weiss auf rothbraun m. Schlingornamenten.

Tafel IV. — Bordüren der römischen Epoche. —
(Photographie; 1:3.)

1. Feine Blätterwerkbordüre, braun auf weiss.
2. Bordüre in braun und weiss.
3. Zarte Blätterwerkbordüre in violett.
4. do. do. in blau auf weiss.
5. Rankenbordüre in grün auf weiss.
6. Zarte Blattwerkbordüre in lila auf weiss.
7. Ueberaus feine Blätterwerkbordüre, schwarz auf weiss.
8. Dreigestreifte Linienbordüre, schwarz auf weiss.
9. Breite braune Bordüre mit Laubwerk.
10. Blaue Bordüre aus Schilden zusammengesetzt.
11. Bordüre mit weissen Linienornamenten auf rothem Grunde.
12. Blattwerkbordüre, schwarz auf weiss.
13. Rankenbordüre in schwarz auf weiss.
14. Bordüre mit stilisirten Vasen, in blau auf weiss.
15. Bordüre in braun auf weiss.
16. Breite Bordüre mit Linienornamentik auf rothem Grunde.

Tafel V — Ornamente der römischen Epoche. —
(Photographie; 1:4.)

1. Blaue Bordüre mit weissen Linienornamenten.
2. Rothe Bordüre mit weisser Schlinggzier.
3. Bordüre mit weissen und gelben Ornamenten.
4. Bordüre mit roth-violetten Ornamenten.
5. Rothbraunes Vollbessin mit reicher Schlingornamentik.
6. Kleines Vollbessin, violett und weiss, Nadelarbeit.
7. Violettes Vollbessin m. w. Nadelübararbeitung (II. Epoche).
8. Braunes Vollbessin mit Kreuzornamenten (II. Epoche).
9. Kleines Vollbessin mit braunen Ornamente.
10. Blaues Vollbessin mit weissen Blattwerklinien.
11. Kleines Vollbessin in blau.
12. Rothes Vollbessin mit Münzherornamentik.
13. Blaues Vollbessin mit reicher Nadelarbeit u. Vasenbordüre.
14. Vollbessin mit weissen Linien auf rothbraunem Grund.
15. Vollbessin mit weisser Ornamentik auf rothem Grund.

Tafel VI. — Ornamente der römischen Epoche. —
(Photographie; 1:3,5.)

1. Bordüre in schwarz auf weiss.
2. Rankenbordüre in roth auf weiss.
3. Blaues stilisirtes Blatt mit weisser Zeichnung.
4. Dreifaches blaues Blatt.
5. Rothes stilisirtes Blatt.
6. Rothes Blatt auf weissem, ringsum haarigem Grunde.
7. Blaues Blatt mit gewelltem Schaft.
8. Vollbessin in Form eines einem Korbe entspringenden Baumes, in dessen Aesten 2 farbige Vögel, unterhalb zwei fresssende Zweihufer; braun auf weiss.
9. Rothbraunes stilisirtes Blatt.
10. Vollbessin in schwarz mit weissen Blätterornamenten.
11. Kleines blaues Blatt mit weissen Adern.

Tafel VII. — Figuren der römischen Epoche. —
(Autographie, farbig; 1:1.)

1. Medaillon mit Brustbild, braun auf weiss.
2. Krieger mit Rundschild und Mantel, braun auf weiss.
3. Reiter zu Pferd und hinten aufspringender Löwe, feine Nadelarbeit in schwarzbraun auf weiss.
4. Hase, zugehörig zu No. 1.
5. Ornament eines Rand, weiss auf braunem Grund.
6. Gazelle, schwarz auf weiss.
7. Knabe, auf einem Panther reitend, blau auf weiss.
8. Vogel, schwarz auf weiss.
9. Krieger mit Schild und Kurzschwert, braun auf weiss.
10. Hercules, den Himmel tragend (?), schwarz auf weiss.
11. Kniender Krieger mit Buckelschild und Kurzschwert, Mantel farbig.
12. Fliegende Genie, braun auf weiss.
13. Blattornament in roth auf weiss.
14. Zwei Tauben vor einem Becher, weisse Zeichnung auf braunem Grunde (frühchristlich).

Tafel VIII. —
Schuhwerk, Gewänder, Inschriften etc. — (Autogr.)

1. Byzantin. Lederpantoffel mit roth. Oberleder u. Goldbesatz.
2. Römischer Schuh mit Lederriemen und Ferseneingravirung.
3. Byzantinischer Schuh mit Glanzleder.
4. Römische Kindersandale mit Riemenwerk.
5. Römische Knabensandale mit Riemenwerk und reicher Lederschnittverzierung.
6. Byzantinischer Kinderschuh mit aufgenähtem Rand.
7. Hoher Lederstiefel mit Verzierung, byzantinisch.
8. Byzantinischer Kinderstrumpf, mehrfarbig.
9. Gewirkte Mütze aus gelber und violetter Wolle.
10—13. Römische und byzantinische Tuniken mit Claven und Ornamentbesatz.
14—15. Römische Togen mit Claven und Ornamentbesatz.
16. Byzantinischer Siegelstempel aus hellem Thon.
17.—18. Darstellungen aus christlichen Katakomben.
19. Inschriftfragment auf einem Wollstoffe der III. Epoche.
20. Buchstabenornament der II. Epoche, Ligatur von M I.
21. Buchstabenornament (II.—III. Ep.) als Ligatur von X P (Christusmonogramm).
22. Buchstabenornament „Anastasia" der byzantin. Zeit.
23. Buchstabenornament T der II. und III. Epoche.
24. Buchstabenornam. (II. — III. Ep.) als Lig. † X Jesus Christus.
25. Inschriftornament (II. Ep.).
26. Buchstaben und Christusmonogramm (I X) der II. Ep.
27. Inschrift in Seide n. Leinen, 6fach sich wiederholend, (II. Ep.).
28. Inschrift in einem Seidengewebe mit Reiterfigur (III. Ep.).
29. Grosse Inschrift auf einem Leinengewebe mit Wolle und Seideneinschuss (III. Ep.).
30. In Seide gewirkter Stern aus dem Frauenschleier Fig. 8. Taf. X.
31. Webermonogramm als Hdz. Grablbeigabe eines Webers.
32. Grosse Inschrift in Seide gewirkt auf dem Frauenschleier 8, X.

Tafel IX. — Textilien der Uebergangsepoche. —
(Autographie, farbig; 1:1.)

1. Venusfigur, braun auf weiss, I. Stadium d. Uebergangszeit.
2. Krieger mit Schuppenpanzer und Bogen, wie No. 1.

3. Gansfigur in weiss auf blau (I. Stad.).
4. Krieger mit Keulenstock und Buckelschild, weiss auf violett (I. Stad.)
5. Fischfigur (I. Stad.).
6. Bordüre in braun (I. Stad.).
7. Bordüre mit Kreuz, schwarz auf roth.
8. Fisch als christliches Symbol.
9. Portraitbüste in mehrfarbiger Wirkerei, ca. IV. sacr.
10. Stilisirtes mehrfarbiges Lotosornament der II. Ep. (II. Stad.)
11. Fliegende Genie, mehrfarbig (II. Stad).
12. Fisch in blau und gelb.
13. Mehrfarbige Rose (II. und III. Ep.).
14. Kreuz in roth und weiss (II. und III. Ep.).
15. Blume in roth und grün (wie No. 14).
16. Mehrfarbige Vogelfigur (wie No. 14).
17. Vogelfigur in roth und blau, II. Ep. (II. Stad.).

Tafel X. — Textilien der Uebergangszeit und Schleier mit Inschrift. — (Photographie; 1:4.)

1. Wollgewebe, braun auf gelb, mit Lamm Christi u. Darstellung eines Bärenkampfes.
2. Bordüre in roth und schwarz auf weiss, mit Thieren.
3. Braune Ornamente mit eingesetzten Kreuzen.
4. Bordüre in violett mit eingesetzten mehrfarbigen Figuren.
5. Volldessin mit Früchtekorb, braun m. eingestr. Hellfarben.
6. Menschenpaar (Adam u. Eva?) u. Thiere, weiss auf schwarz.
7. Löwe und Männerportrait in violetter Bordüre, mit einzelnen hellfarbigen Ornamenten.
8. Dunkelblauer Trauerschleier m. eingewirkter Seide-Inschr.

Tafel XI. — Technisch interessante Textilien. — (Photographie; 1: 4,5).

1. Stilisirte Rankenbordüre, frühbyzantinisch; mehrfarbiger Wollplüsch (peluche) auf Leinwandgrund.
2. Bordüre (Leisten) m. eingewirkten roth. Kreuzen (II. Ep.).
3. Swastika in Wollplüsch (schwarz) auf Leinengr. (I-II. Ep.).
4. Springende Hirsche, eingewoben, m. Fransen (röm. Ep.).
5. Blau-weisse Borte mit Inschrift (vgl. Fig. 25, VIII.) (II.Ep.).
6. Gemustertes Wollgew. m. Leinenkette, Vogelfiguren (II.Ep.).
7. Grosser Gobelin mit grünem Blattwerk und rothen Aepfeln; Theil eines ritterlichen Clavus (ca. II. Ep.).
8. Doppelbordüre aus ineinandergeschobenen verschiedenfarbigen Herzen (II. Ep.).
9. Gürtelband, aus mehrfarbigen Schnüren gewirkt und die Enden gezipfelt (ca. II. Ep.).
10. Mehrfarbige Rosettenwirkerei in feinem Leinen (III. Ep.).
11. Blau-weiss gewirktes Band (II. Ep.).
12. Spitzenwirkerei in rothem Faden, Zickzackornamente.
13. Mehrfarbige Stickerei auf Leinen (III. Ep.).
14. Gewundene rothe Schnur von einer Mütze.
15. Theil eines weissen Haarnetzes.
16. Rothe Netz- oder Spitzenwirkerei.

Tafel XII. — Textilien der zweiten und dritten Periode. — (Photographie; 1:4,3).

1. Leichter Frauengewandstoff mit eingestreuten farbigen Ornamenten (II. Ep.).
2. Mehrfarb. Band aus Wollplüsch auf Leinengr. (II.-III.Ep.).
3. Bordüre aus mehrfarb. Wollplüsch auf Leisten (III. Ep.)
4. Bordüre aus rothen Herzen gebildet (II. Ep.).
5. Bordüre mit eingewirkten rothen Blättern (II.-III. Ep.).
6. Nimbirte Heilige in reicher Gewandung (II. u. III. Ep.).
7. Bandwirkerei in braun und weiss (II. Ep.).
8. Vielfarbiger u. vielfiguriger Brustlatz m. Inschriftzeichen (III. Ep.). (Vgl. daraus Fig. 5, Taf. XV.)
9. Mehrfarbiger Halsbesatz einer byzantinischen Tunica.
10. Leichter Frauengewandstoff mit eingestreuten dunkeln Ornamenten I. und II. Ep.
11. Blau-rothes Dessin in weisser Wolle; Thierfiguren, in der Mitte das Kreuz (II. Ep.).
12. Rosel in roth auf weiss, mit dem byzantin. Monogramm Christi, zur Seite „Alpha" und „Omega" (II.-III. Ep.).
13. Bordüre, schwarz auf weiss, mit aneinandergereihten Herzen (I.-II. Ep.).
14. In grobes Leinen eingezogene Wollfäden, mehrfarbig, einen Hahn darstellend (II.-III. Ep.).
15. Einfaches Leinendessin mit dem Kreuz in der Mitte und grellfarbigen Strahlen (III. Ep.).
16. Rothes Kreuz mit weissen Tupfen, zu No. 12. gehörig.

Tafel XIII. — Byzantinische Textilien. — (Photographie; 1:3,3).

1. Grünes Blatt in Herzform, mit farbigen Einsätzen.
2. Rothe Knabenfigur auf einem Löwen oder Panther reitend, darunter Fische (dunkel-mehrfarbig).
3. Blaues rundes Dessin mit eingesetzten mehrfarb. Linienornamenten.
4. Byzantin. Clavus in zahlreichen grellen Farben m. steifen Thiergestalten (Löwen).
5. Volldessin mit fliegenden Genien, Löwen und in der Mitte das Christusbild, vielfarbig.
6. Kämpfende, reitende Bogenschützen auf (z. Theil ausgenommenen) rothem Grunde; darunter Ornamente und Thiere.
7. Stoffstück mit blauem Grund und eingesetzten rothen, grünen, weissen und gelben Ornamenten.
8. Wollwirkerei in zahlreichen verschiedenen Farben.
9. Einfarbiges Dessin mit rohen Thierfiguren.
10. Blätterkreuz in verschiedenfarbigem Grün, innen rother Grund und Blumen, in den Ecken rothe Herzen.

Tafel XIV. — Byzantinische Textilien. — (Farbendruck; 1:1.)

1. Heiliger mit Glorienschein; mehrfarbig; das Gewand mit Claven besetzt, im Ueberwurf ein X als Monogr. Christi.
2. Wagenlenker, (Elias?), darüber eine Hand und das Bild Christi, mehrfarbig.
3. Vogelfigur, zweifarbig.
4. Knabe mit Vogel, mehrfarbig.
5. Byzantinische fliegende Genien, vielfarbig.
6. Hase, darunter das Kreuz.
7. Byzantin. Farbenmosaikbordüre in roth, grün, weiss, gelb etc.
8. Byzantin. Christus am Kreuz, mit vielfarbiger Seide auf Leinwand gestickt.
9. Pfauenfigur, mehrfarbig.
10. Thierfigur, mehrfarbig.
11. Kreuz in Rosettenform, mehrfarbig.
12. Rohe fliegende Genie.
13. Knabe auf einer Gans reitend, vielfarbig.
14. Kreuz mit X (Christus), II. und III. Epoche.

15.—17. Kreuzfiguren, II. und III. Ep.
18. Byzantinisches Herz, mehrfarbiges Streuornament.

Tafel XV. — Byzantinische Textilien. —
(Farbendruck; 1:1.)

1. Zwei Mönche und ein Eseltreiber, vielfarbig und mit Farbenmosaikbordüre (Gammadion).
2. Roh-byzantin. Männerfigur in Farbenmosaik (spät-byzantin.)
3. Christus mit Palme auf einem Esel (Einzug in Jerusalem), roh und spät-byzantinisch.
4. Vogelfigur, roh-byzantinisch.
5. Zwei Träger führen einen Edlen in einer Sänfte; Grund grün.
6. Knabe auf einer Gans reitend, rohe Farbenmosaik.
7. Fliegende Genie, Grund roth; roh-byzantin.
8. Reiter zu Pferd, mehrfarbig auf rothem Grund.
9. Stilisirter byzantin. Adler, gelb auf rothem Grund.
10. Heiliger mit Nimbus, wahrscheinlich Christuskopf.
11. Fisch, mehrfarbig.
12. Farbenmosaikbordüre in roth, blau, gelb, grün etc.
13. Stilisirter byzantin. Adler in gelb auf roth.
14. Fabelthier, mehrfarbig.
15. Fabelthier in blau und weiss auf rothem Grund.

Tafel XVI. — Grosses byzantinisches Portrait. —
(Photographie mit Handcolorit, in Originalgrösse.)

Früh-byzantinisches Heiligenportrait (Brustbild Constantins? der bekanntlich bei der griechischen Kirche als Heiliger galt), in kunstvoller Gobelinwirkerei und wunderbarer Farbenwirkung. Höhe 17. cm., Breite 15 cm.

Cliché-Abbildungen im Text.

Fig. 1. Nackenkissen mit Lederschnittverzierung (ca. $1/3$ n. Gr.)
 „ 2. Grosses Ornament-Dessin in schwarzem Woll-Plüsch auf weisser zottiger Leinwand ($1/3$ n. Gr.)
 „ 3. Ledersandale mit eingeritzten Verzierungen ($1/3$ n. Gr.)
 „ 4. Lederschuh eines Kindes mit eingeritzter Verzierung ($1/3$ n. Gr.).

Einleitung.

Bis vor wenigen Jahren noch gehörten dessinirte Gewebe der römischen und frühchristlichen Zeit zu den grössten Seltenheiten. Nur wenige kleine Fragmente waren bekannt, und was man über die Textilkunst dieser Epochen wusste, war fast lediglich aus den dürftigen Nachrichten alter Autoren und aus wenigen bildlichen Darstellungen geschöpft. Noch immer fehlten die Originale, und eine grössere Zahl solcher vor sich zu sehen, wagte man kaum zu träumen. Um so überraschender war es daher, als 1882 eine grössere Menge solcher antiker Gewebe auftauchte. Sie entstammten einem Leichenfelde in der Nähe von Sakkarah und wurden durch den Wiener Kaufmann Theodor Graf nach Wien an das dortige österreichische Museum abgegeben. Derselben Provenienz gehörten eine schon 1801 gefundene Tunika im Pariser Louvre und ebenso diverse Gewebefragmente des Britischen und des Turiner Museums an. Ursprünglich wies man diese Stoffe dem altägyptischen Reiche zu und erst neuere Publikationen befürworteten eine Datirung in die Zeit der griechisch-römischen Herrschaft. Bahnbrechend war der bekannte Orientalist Prof. Karabacek, welcher in seiner Behandlung der Graf'schen Funde[1]) richtig erkannte, dass diese Stoffe noch in die frühchristliche Zeit hineinreichen und dem Frühmittelalter angehören.

Die Funde von Sakkarah sollten jedoch nicht die einzigen ihrer Art bleiben. Wenige Jahre nach ihrem Erscheinen gelangte die Kunde nach Europa, dass eine neue, den Sakkarahfunden analoge Quelle entdeckt worden sei. Es waren Textilien aus einem Gräberfelde in der Nähe der oberägyptischen Stadt Achmim. Die neue Quelle erwies sich noch reicher und quantitativ wie qualitativ besser, als ihre Vorgängerin. Sie brachte ein überaus reichhaltiges und überraschend schönes Material zu Tage. Dr. Bock, der zuerst diese Achmim-Stoffe in grösseren Mengen in den Handel brachte, folgten Theodor Graf und der Unterzeichnete. Sie versahen, unter steter Vermehrung ihrer eigenen Privatsammlungen, zahlreiche Museen mit grösseren und kleineren Collectionen, so dass heute in den bedeutenderen Centren bereits allerseits ein leidlich genügendes Studienmaterial vorhanden ist.

So gross, ja erstaunlich gross aber auch die Zahl der Stoffe ist, welche aus der Gräberstätte von Achmim nach Europa gelangte, so war die Ausbeutung dieser reichen Quelle doch bis dato keineswegs eine rationelle. Nicht regelmässige Ausgrabungen, noch sachgemässe Untersuchungen durch Fachleute haben uns jenes bewunderungswürdige Material geliefert, sondern wir verdanken seine Existenz lediglich dem Raubsysteme, wie es in Aegypten schon seit Jahrhunderten an den alten Kunstdenkmälern ausgeübt wird. Gewinnsüchtige Araber, Beduinen und Fellahs durchsuchen die alten Gräberstätten nach Schätzen aller Art, und da ihnen nun auch die alten Stoffreste blankes Geld eintragen, thun sie, was sie früher vernachlässigt haben, sie lassen neben den anderen Funden auch die Gewebereste mitgehen. Diese wandern nach Cairo d. h. sie werden durch Zwischenhändler dorthin gebracht oder — wie dies bei den Stoffen der Fall ist, welche in die Hände des Schreibers gelangten — sie wurden durch einen Agenten in Achmim von den Findern eingesammelt resp. angekauft. Dieser Sammelmodus ist die Ursache, dass die Fundverhältnisse nur ungenügend bekannt sind, dass vieles für den Archäologen Wissenswerthe unbekannt und vieles, was für denselben wissenschaftlich werthvoll, ungehoben geblieben ist. — Vielleicht ist es dem Schreiber vergönnt, später einmal den Fundort persönlich untersuchen und dann eingehendere Nachrichten über diese ganze Erscheinung darbieten zu können. Vieles ist noch dunkel und könnte durch fachmännische Untersuchung des Fundplatzes derart klar gelegt werden, wie es die Wissenschaft verlangt, und wie es diese merkwürdige Erscheinung verdient.

---

[1]) „Katalog der Th. Graf'schen Funde in Aegypten", Wien, Gerold 1883 und „Die Th. Graf'schen Funde in Aegypten", Wien, Gerold 1883.

Die Fundverhältnisse.

Achmim (auch Akhmim, Akhmin und Akmin geschrieben), — der Ort, in dessen Nähe unser Gräberfeld liegt — ist ein Städtchen in Ober-Aegypten, am rechten Ufer des Nil gelegen. Der Ort hat circa 10,000 Einwohner, worunter ca. 1000 Christen sind. Letzteren dienen ein Koptisches und ein Franziskaner-Kloster. Die Stadt beherbergt einigen Handel und grössere Baumwollspinnereien. Sie ist der Abkömmling der alten Stadt *Chemmis* (Kafr Abou), deren Ruinen noch heute vorhanden sind. Im altägyptischen Reiche war Chemmis der Sitz der Gottheit gleichen Namens (Chembis). Von hier aus sollen Danaos und Lynkeus nach Hellas übergesiedelt sein; dem Perseus zu Ehren (als Sohn der Danaë, welch' Letztere hier einen Tempel hatte), wurden in Chemmis Kampfspiele nach griechischer Art abgehalten. Hier lag die zur ptolemäischen und römischen Zeit *Panopolis* genannte Stadt, in der dem Gotte Him (dem ägyptischen Pan) und dem Monde geopfert wurde. In altägyptischen Inschriften wird Panopolis auch Ha-T-KI-T und NAI-T-N-KA-PES genannt,[1]) und schon in der Zeit des alten Reiches erscheint diese Stadt in Urkunden *als Bezugsort für kostbare Gewebe* erwähnt. Panopolis war berühmt durch seine Bildhauer- und Steinmetzarbeiten, sowie durch seine *Leinewebereien*, und Brugsch Bey sagt darüber: „Nous savons qu'en effet les habitants de Panopolis étaient des tisserands très-habiles." Die Funde von Achmim haben dies auf das glänzendste bestätigt, und es kann keinem Zweifel unterliegen, dass wir in der Grabstätte von Achmim die Gräber der alten Panopolitaner, *die Necropole der antiken Stadt Panopolis*, vor uns haben.

Die *Gräber*[2]) liegen ziemlich zerstreut in einer durchschnittlichen Tiefe von ca. 1½ Meter unter der Oberfläche; sie sind über eine grosse Fläche vertheilt und zeigen sich als „Flachgräber", d. h. ohne jede hügelähnliche Erhöhung. Hie und da sind mehrere Todte übereinander gebettet, was einen langen Gebrauch des Grabfeldes beweist. Besonders vornehme Todte waren durch Steinplatten geschützt, die Mehrzahl aber lag frei, ohne Holz- oder Steindecke, in der Erde. — Der *Leichnam* wurde mit seinen besten Kleidern angethan bestattet. Den Kopf versah man mit einer Binde, einer Mütze oder Kappe, und legte ihn hie und da auf ein ledernes Kopfkissen. Den Körper deckten Tunika oder Toga, die Füsse trugen Socken, Sandalen oder Schuhe. Arme, Finger, Brust und Kopf waren mit Zierrath geschmückt. Hölzerne Inschrifttäfelchen oder Werkzeuge seiner einstigen Thätigkeit, welche man dem Todten mitgab, deuteten den einstigen Stand des Verstorbenen an. Derart ausgestattet, wurde er auf ein seiner Grösse entsprechendes Sykomorebrett gelegt, hier mittelst Leinenbinden festgebunden und, das Ganze mit einer schützenden Bindenlage umgeben, in die Erde versenkt. — Zur *Conservation* des Leichnams verwendete man keineswegs den im alten Reiche ehedem üblichen Asphalt, sondern ein Präparat von Natron. Darauhin deuten der Zustand der Schädel und manche Ueberreste auf einzelnen Stoffstücken. Die Schädel sind nicht, wie diejenigen der altägyptischen Mumien, Asphalt-getränkt und von diesem geschwärzt, sondern sie präsentiren sich sauber, von allen Fleischtheilen frei, als weisser, nur stellenweise noch von eingetrockneten Hauttheilen bedeckter Knochen; es hat also zwar eine Verwesung stattgefunden, aber gleichzeitig auch eine rasche Vertrocknung, die jedenfalls künstlich bewirkt wurde. Einzelne Stofffragmente tragen noch deutliche Spuren solcher chemischen Einwirkungen, und liessen sich auf manchen Stücken Natronkrystalle constatiren. Nicht diese Mumisationsmethode hat uns indessen diese Funde conservirt, sondern wir verdanken deren ausgezeichnete Erhaltung in erster Linie dem trockenen Boden und Klima Aegyptens. Hier und nirgends anders konnten solche Schätze in solch' erstaunlich schöner Erhaltung der Zeit trotzen. Hier allein konnten sich die sonst so leicht vergänglichen Eisen- und Holzgeräthe derart erhalten, dass sie sich in ihrer innern Festigkeit bis heute gleich geblieben sind. Hier allein konnten sich die feinen Nadelarbeiten und die wundervoll leuchtenden Farben conserviren.

---

[1]) Brugsch Bey, Dictionnaire géogr. de l'anc. Egypte.
[2]) Nicht zu verwechseln mit den in der Nähe gelegenen Gräbern aus ptolemäischer Zeit.

Die Grabbeigaben.

Von *Waffen* hat man bis jetzt nur bronzene *Pfeilspitzen* gefunden. Sie kommen in zwei verschiedenen Formen vor. Die eine entspricht derjenigen der altgriechischen Pfeilspitzen, ist dreiflügelig und mit Dülle zum Einstecken des Schaftes versehen (Fig. 30—34, Tafel I). Während diese als die aus dem Alterthum überkommenen Formen gelten dürfen, bietet die auf Achmim nur in wenigen Exemplaren gefundene Bronzepfeilspitze Fig. 15, Taf. I eine mehr an das Mittelalter sich anlehnende Form. Die langen Widerhaken und der zum Einstecken in den Schaft bestimmte lange Dorn finden sich auch in europäischen Gräbern der Völkerwanderungszeit.

Zahlreicher sind die *Schmuckgegenstände*. Zur Zierde des Kopfes benützte man Haarpfeile, Kämme und Ohrgehänge. — Die *Haarpfeile* bestehen aus Holz oder Bein (Fig. 9, Tafel I) und ihre Anwendung erhellt aus einem unserer Mumienbildnisse, wo quer durch das Haar einer Dame eine ähnlich geformte Nadel gesteckt erscheint.[1]) Ohne Zweifel besass man analog geformte Haarpfeile auch aus Bronze, Silber und Gold, wie ebensolche aus römischen und Völkerwanderungszeitgräbern bekannt sind. Interessant sind die *Haarkämme* aus Holz und Bein. Sie haben nicht allein zu blossen Reinigungszwecken, sondern in erster Linie auch als Schmuckstücke gedient. Deshalb ist die von den Zähnen frei gebliebene Fläche häufig mit Schnitzereien verziert, oder wurde die Form des Griffes ornamental ausgeschnitten. Analoge Kämme sind noch heute im Oriente üblich, ebenso aber finden sie sich auch nicht selten in merovingischen und fränkischen Gräbern. — Die *Ohrgehänge* sind von grosser Mannigfaltigkeit in Form, Material und Technik. Wir beobachten gläserne Gehänge, silberne und bronzene in Filigranarbeit, goldene mit aufgesetzten Goldkügelchen und eiserne mit angehängten Achatperlen. Besonderes Interesse erheischen ein mit Zinnperlen geziertes hölzernes Ohrgehänge und ein bronzenes mit dem christlichen Kreuze als Mittelstück. Der kleine Bronze-Ohrring Fig. 4, 1 findet sich in genau derselben Form auch in fränkischen Gräbern Mitteleuropas und in gleichzeitigen Grabstätten des Kaukasus. — Als *Halsschmuck* dienten *Perlen* aus gelbem, hellem Bernstein, farbigem Glasflusse und aus blau und grün glasirter Teigmasse, ähnlich derjenigen, wie sie das altägyptische Reich so ausgiebig zur Herstellung von Statuetten, Perlen etc. verwendet hat. — Der *Holzring* (Torques) Fig. 35, 1, bildet ein überaus merkwürdiges Vorkommniss in dieser Gesellschaft. Er ist von durchaus keltischer Form und entspricht vollkommen den europäischen Torques der Tènezeit. Wie ist er unter diese römischen und frühmittelalterlichen Geräthe gelangt? Vielleicht als Beutestück eines Vorfahren? In diesem Sinne wären dazu analoge Fälle aus europäischen Gräbern der Völkerwanderungszeit bekannt. Oder war er zur byzantinischen Zeit ein zum Zeichen der Vasallenschaft getragenes Symbol und ist dieser Torques dahin zu deuten? Auch hiefür können Zeugen auftreten, denn in den dem VI. Jahrhundert angehörigen Mosaiken Ravenna's sehen wir im Gefolge des Kaisers Justinian die hinter den Edlen folgenden Kriegsleute Halsringe tragen. *Arm-* und *Halsgelenkringe* sind in Achmim in ziemlich bedeutender Zahl gefunden worden. Viele derselben sind so eng, dass sie nur kleinen Kindern angehört haben können. Die Mehrzahl besteht aus Bronze, andere aus Eisen, Glas und Horn. Manche sind geschlossen, andere offen und tragen verschiedene Endigungen und Schliessvorrichtungen (vgl. Tafel I). Die Glasarmringe bilden eine besonders beachtenswerthe Erscheinung, denn sie erinnern einerseits lebhaft an die Glasringe der Tènezeit, andererseits an die später durch die Araber cultivirte ähnliche Glastechnik des Mittelalters; ohne Zweifel haben wir hier das verbindende Mittelglied vor uns. — Von *Fingerringen* wurden mehrere gefunden; Fig. 28, 1 zeigt einen wohlerhaltenen eisernen solchen, mit angefügten Schlüssel. Ein anderer solcher Ring führt das Bild zweier Adoranten des Christusbildes vor; genau in derselben Weise finden wir nimbirte Büstenbilder auf den byzantinischen Geweben wiederkehren (vgl. Fig. 2, Taf. XIV). — Auch *Gürtelschnallen* fehlen nicht und es bildet die bronzene solche Fig. 19, 1 durch das eingefügte christliche Kreuzzeichen eine bemerkenswerthe Probe. — Als christliche *Amulete* mögen die in mehreren Exemplaren gefundenen *Elfenbeinkreuze* wie Fig. 1, 1 anzusehen sein. Hieraus ist deutlich ersichtlich, dass den verschiedenen

---

[1]) Vgl. R. Forrer, „Ueber antike Portraits aus der römischen Kaiserzeit" in Antiquitäten-Zeitschrift (Strassburg) No. 30—31, sowie prähistor. Ztschr. Antiqua (Red. R. Forrer) No. 5—7, R. Forrer, Schmuckgegenstände aus dem Gräberfelde von Achmim.

Kreuzesdarstellungen kein bloss ornamentaler, sondern speciell symbolischer Sinn inne wohnte: Es ist damit das *Christenthum* versinnbildlicht. Diese zahlreichen Kreuzesfiguren, die Filigranarbeiten, die Formen der offenen Armringe u. s. w. weisen auf das Frühmittelalter, in die byzantinische Zeit des Osten resp. die Völkerwanderungszeit des Westens — also in die Zeit vom IV. resp. V. bis VII. Jahrhundert. Dagegen können auch manch' andere Schmuckgegenstände und Geräthe ebensowohl der römischen Zeit angehören. Trefflich illustriren den Gegensatz zwischen Römerzeit und Frühmittelalter die Pfeilspitzen, von denen die mit Dülle die classische Kaiserzeit, die mit Zapfenbefestigung dagegen die byzantinische Epoche charakterisiren. Auffallend ist die Uebereinstimmung, welche sich in dem Fundinventar von Achmim im Vergleiche zum Inhalte unserer Völkerwanderungszeitgräber herausstellt. Da wie dort sehen wir Gürtelschnallen, Haarkämme, Filigranschmuck und reiche Perlenzier wiederkehren; da wie dort begegnen wir zu ein und derselben Zeit den für diese Epoche charakteristischen offenen Armringen mit verbreiterten Enden. Auch die Schlingornamentik der Achmimgewebe dürfte in Beziehung stehen zu der mit Beginn der Völkerwanderungszeit auftretenden Schlingornamentik der Alemannen, Franken und Merovinger.

Die den Todten der Necropole von Panopolis *beigegebenen Geräthe* sind der mannigfaltigsten Art. Kinder erhielten gelegentlich eine Puppe, Frauen Nähgeräthe, Spinnwirtel und Wollknäuel, Männer ihre Webegeräthe, Weberkämme (vgl. Fig. 31, VIII) u. dgl. mit. Ausserdem fanden sich römische Bronze-Löffel, bronzene Glöckchen römischer Form und anderes Kleingeräthe von ausgesprochen römischem Charakter. Merkwürdig ist ein Thonstempel mit der Darstellung eines Adlers (Fig. 16, VIII) und ein bronzener Messergriff mit aufgesetztem stilisirtem Adler. Diese beiden letztern Gegenstände gehören augenscheinlich nicht mehr in die römische Zeit, sondern bereits in die byzantinische Periode, und in der That sehen wir gerade in den Textilien dieser letztern Epoche den Adler öfters und zwar stets in derselben Stellung und Stilisirung wiederkehren (vgl. Fig. 9 & 13, XV). Seine Bedeutung, welche ihm das Alterthum zugewiesen, hatte man ins Mittelalter hinübergenommen und, wie die christliche Kirche so vieles lieb gewordene der Antike für sich übernahm, so behielt sie auch den Adler bei, attribuirte ihn dem heil. Lucas und setzte ihn später in zahlreichen Ornamente und Wappen; hier in diesen stilisirten Adlerfiguren haben wir die Prototypen der spätern Adlergestalten des romanischen und gothischen Styls vor uns.

Eine seltsame Erscheinung bilden endlich die *Todtentäfelchen*, welche man dem Leichnam umhängte, und auf denen man seinen Namen und seinen Stand, oft auch einen Begleitspruch, anschrieb. Sie sind aus Holz geschnitzt, mit Loch zum Anhängen bestimmt und auf der einen Fläche mit griechischen oder koptischen Inschriften in schwarzer Farbe bemalt.

Die Todtengewänder.

Wie bereits oben angedeutet, wurde der Todte mit reichen Gewändern angethan bestattet. Diese Sitte, den Leichnam reich zu kleiden und auszustatten, war zu derselben Zeit auch im Abendlande Brauch; sie war es dort schon in vorgeschichtlicher Zeit. Ebenso wandte auch der Aegypter der vorrömischen Zeit alles auf, den Verstorbenen für das jenseitige Leben zu präpariren. Der Leichnam wurde einbalsamirt, mit feinen Leinenstoffen und zahlreichen Binden umgeben, mit Amuleten, Schmuck und Papyrii versehen, die äusserste Bindenlage durch bemalte Cartons geschmückt und das Ganze in einem reich bemalten Holzsarkophage beigesetzt. Diese den Todten zugewendete Liebe und Sorgfalt vererbte sich auch auf die ägyptischen Bewohner der römischen und frühchristlichen Zeit. Nur die Bestattungsart hatte — wie allerorts — im Laufe der Zeit eine Modification erfahren. Diese mag in erster Linie im Auftreten der Römer ihre Ursache haben, denn überall sehen wir mit deren Erscheinen den Charakter der Todtenbestattung sich ändern. Der Leichnam wurde nun der Erde und nicht, wie ehedem, den gewölbten Grüften und Höhlen übergeben. Damit verschwand auch der bemalte Sarkophag und die hundertfache Bindenlage. An Stelle der wegfallenden luxuriösen Holzumhüllung setzte man nun eine gleich kostbare Gewandung. Man schmückte den Todten mit den kostbarsten Gewändern — ohne Zweifel mit seinen besten, die er im Leben getragen — und gab ihm ebenso auch den besten Schmuck ins Grab mit. Diese Sitte muss schon in den ersten Jahrhunderten nach Christus überall geübt worden sein, denn im

— 14 —

vierten sec. hatte sie bereits solche Grenzen erreicht, dass die Kirchenlehrer des Osten und Westen eifrig gegen solchen unchristlichen Todtencult stritten. Der heil. Hieronymus frug seine ägyptischen und syrischen Zeitgenossen, ... *warum bekleidet Ihr eure Todten mit golddurchwirkten Gewändern?* ... glaubt Ihr etwa, dass kostbare Stoffe die Leichen vor Verwesung schützen?" Und der heil. Ambrosius ruft seinen italischen Christen zu, ... *„die seidenen Kleider und die mit Gold durchwirkten Tücher, mit welchen Ihr den Körper reicher Verstorbener bekleidet und verhüllt, gereichen nur den Lebenden zum Schaden, den Verstorbenen aber gewiss nicht zum Schutz und Vortheil."* — War diese Sitte oder Unsitte nach Ansicht des Bischofs Ambrosius nun auch nicht zum Vortheil der Todten, so ist sie es doch zum Vortheil der heutigen Wissenschaft geworden. Aus den eben citirten Worten geht aber auch die Folgerung hervor, *dass die kostbaren Gewandreste der Necropole von Panopolis in erster Linie den Schmuck reicher Todter bildeten.*

Als *Kopfbedeckung* dienten den Frauen viereckige, oft mit Streifen durchwirkte Tücher, hie und da auch grosse *Schleier*, davon unser prächtiges Exemplar, in blauer Farbe, mit in weisser Seide eingestickter Inschrift versehen ist (Fig. 8. Taf. X). Die Männer tragen *gewirkte Kappen* in der Form von *Fig. 9. VIII*, bald weiss, bald roth, bald in violettem Faden hergestellt und mit andersfarbigen Fäden durchzogen (die abgebildete Mütze ist violett und mit gelbem Faden durchwirkt). Oben lief eine Schnur durch, welche beliebiges Zusammenziehen der Maschen und damit ein Erweitern und Verengern der Mütze erlaubte. Eine andere Sorte männlicher Kopfbedeckung bestand in einer runden Kappe mit senkrecht stehenden Seitenrändern. — Zum Aufliegen des Kopfes waren reichen Todten kleine halbmondförmige *Kopfkissen* untergelegt. Sie bestehen aus mit Werg ausgefüllten Lederkapseln und war die äussere Hülle oft reich mit Lederschnitt und Durchbrechungen, diese wieder mit Gold unterlegt, verziert. Auch diese Sitte scheint ein modificirter Ueberbleibsel aus altägyptischer Zeit zu sein, wo man den Todten hölzerne Gestelle, ähnlich denen der nubischen und indischen Nackenhalter, beigab.

Fig. 1.

Die Hauptbekleidung des Körpers bildeten die Tunika und die Toga. *Die Toga* hatte unter den Kaisern die ihr zur Zeit der Republik zugekommene Wichtigkeit verloren und bildete die allgemeine Bekleidung nicht allein der Römer, sondern auch der Provinzialen. Dies erklärt uns das zahlreiche Vorkommen von Togen in den Gräbern des römischen Panopolis. Sie war ein grosses viereckiges Tuch, das bald als Hauptkleid den Körper in vielen Falten umgab, bald mehr nur als Oberkleid (Mantel) über das Unterkleid (die Tunika) getragen wurde. Zur Zeit der Republik war ihre Decoration mit speciellen Vorschriften verbunden und durften beispielsweise Togen mit Purpurstreifen tragen. In der Kaiserzeit aber — und lediglich diese kommt für uns hier in Betracht — war die Toga allgemeiner geworden und wurde deren Verzierung von den republikanischen Regeln befreit. Gewöhnlich war sie in den vier Ecken mit einem oder aufgesetzten Volkkissus geschmückt, hie und da dem einen oben und untern Rande entlang mit breiten Bändern decorirt (vgl. Fig. 14 & 15, VIII). Diese Bordüren sind zumeist einfarbig, roth oder violett, bald einfach, mehr oder minder breit, bald aus 2, 3 und mehr Linien gebildet. Die Eckeneinsätze sind von verschiedenen Formen, viereckig, oval, rund oder sternförmig, und gewöhnlich haben hiezu die grossen einfarbigen Volkkissus der ersten Epoche Verwendung gefunden. Je nach Grösse der Toga, wahrscheinlich auch je nach Stand und Rang der Person, variiren diese Einsätze zwischen 10 und 30 cm Durchmesser. Die Grösse der Toga selbst richtete sich nach dem Träger und war daher für Knaben kleiner, als für Männer. Ihre Länge schwankt zwischen 2 & 2½ Meter, ihre Breite zwischen 1 & 1½ Meter. Häufig ist der Rand künstlich ausgefasert, oder es sind kurz vor dem Rande Kette- oder Einschlagfäden ausgezogen worden (vgl. Fig. 15, VIII). Für den Sommer bediente man sich leichter geschorener Leinengewebe, der Toga rasa, für den Winter benützte man zottigen Leinenplüsch, Rauhstoffe (Gausape) oder wollene Togen (Toga pinguis). Nach dem Tode des Trägers legte man ihm die Toga als Bekleidungsstück um, oder breitete sie, nachdem er mit der Tunika versehen worden war, über ihn aus resp. wickelte ihn in dieselbe ein. In diesem Sinne dienten diese grossen

Togen auch als *Todten- oder Funeraltücher*.[1]) — Die Byzantiner verliessen die faltige römische Gewandung und wendeten sich von der Toga ab, der Tunika zu. Dies spiegelt sich auch in den Stoffen von Panopolis ab, denn die Mehrzahl der grossen Volldessins, welche von Togen kommen, ist ein- und dunkelfarbig und gehört unserer ersten resp. römischen Epoche an, indessen die vielfarbigen Dessins, also diejenigen unserer dritten Epoche, zumeist Bestandtheile von Tuniken bildeten. | Verschwanden also die Toga und ihre Nebenarten (chlamys, Lacerna etc.) immer mehr aus dem Bereiche der Männerkleidung, so hielt sie sich dagegen bei den *Frauen* in der der Toga ähnlichen, aber leichtern Form der *Palla* noch lange weiter. Es war dies ein grosser leichter Ueberwurf, den die Frauen über der Tunika resp. Stola trugen. Schon in vorrömischer, griechischer Zeit verwendete man zu diesem Gewande leichte Stoffe, in welche kleine Punkte, Sterne u. dgl. eingewoben, gleichsam eingesäet waren. Auch zur Römerzeit hatte man diese ornements semés, und Panopolis hat uns davon Proben geliefert. Fig. 10, XII zeigt ein solches Gewebe

Fig. 2.

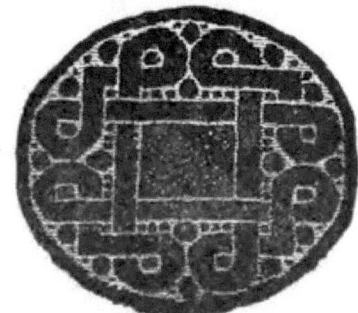

mit eingesäten schwarzfarbigen Ornamentchen in Form von Dreiecken und einzelnen eingestreuten grössern Müsterchen. Allgemeiner Mode wurden diese ansprechenden Gewebe aber erst wieder im IV. und V. Jahrhundert. Dem Zuge der Zeit entsprechend liess man es aber nun nicht mehr bei einer Farbe bewenden, sondern man gab den zahlreichen ornements semés verschiedene Farben, roth, blau, grün, gelb etc. und fügte gelegentlich auch grössere mehrfarbige Figuren ein (vgl. Fig. 1, XII mit eingeschalteter Vogelfigur). Derart dessinirte Gewänder veranschaulichen in grösserer Anzahl die dem VI. Jahrhundert angehörigen Mosaikbilder Ravennas. Dort sehen wir auch auf den Mänteln einiger die Kaiserin Theodora begleitenden Damen Volldessins angebracht, analog denen, welche uns die Todtenstätte von Panopolis geliefert hat. Uebrigens giebt auch unsere nimbirte Frauengestalt Fig. 6, XII interessante Aufschlüsse über das damalige Costüm: Auch hier sehen wir den Gewandstoff mit zahlreichen eingestreuten weissen und gelben Müsterchen geziert und an einzelnen Stellen mit grössern runden Volldessins geschmückt; die breite Saumborte aber zeigt sich besetzt mit grossen herzblattartigen Einsätzen ganz analog unserer Fig. 1, XIII, die wiederum in genau derselben Form auf Miniaturbildern des Mittelalters, wo Männer und Frauen in byzantinischer Tracht dargestellt sind, sich wiederholt.

Hauptbekleidung war zur Kaiserzeit die *Tunika*. Auch diese fehlt unserem Gräberfelde nicht und es sind davon mehrere complete Exemplare in europäische Museen gelangt. Je nach Alter, Geschlecht und Grösse der Person war dieselbe verschieden gross. Männern reichte sie bis an die Kniee, Frauen trugen deren oft zwei; eine kurze und eine lange, bis an die Füsse reichende, davon die eine mit Aermeln (Stola), die andere ärmellos war. Die Männer-Tunika der ersten Kaiserzeit war kurzärmelig, die byzantinische dagegen langärmelig. Beide Sorten haben sich in Achmim vorgefunden. Die Form entspricht vollkommen unsern sogen. „Herrgottskitteln": Es ist ein grosses, auf den Seiten zugenähtes Tuch mit eingewobenem Ausschnitte zum Durchstecken des Kopfes (vgl. Fig. 10—13, VIII). Zur Verzierung dienten zwei vorn und hinten je rechts und links ein- oder aufgesetzte Medaillons (tabulæ, orbiculæ, scutellæ). Diese Zierweise ist uns auch bildlich in den Mosaiken von Ravenna und auf Katakombendarstellungen erhalten. Von den Schultern herunter liefen vorn und hinten nach unten je eine Zierbordüre, der sogen. Clavus. Die meisten unserer „Bordüren", wie z. B. Fig. 1—7, Taf. IV, waren solche Claven. Auf den Schultern selbst zeigen sich hie und da ähnliche viereckige oder runde Einsätze angebracht, wie sie unten sassen. Ausserdem war oft auch der Halsrand mit Bordüren von der Art der Claven eingefasst, und ebenso wurden auch die untern Theile

---

[1]) Manche solche mögen auch speciell zu diesem Zwecke angefertigt worden sein, andere aber beweisen ihren Beruf als einstige Kleidungsstücke von Lebenden am besten dadurch, dass sie nicht selten mehrfache Reparaturen, sogen. „Flicke", aufweisen.

der Aermel geschmückt. In dieser Form präsentiren sich uns zumeist die Tuniken mit dunklen einfarbigen Dessins, also die Tuniken der römischen Epoche. Die byzantinischen, vielfarbigen Tuniken dagegen haben eine etwas veränderte Decoration. Die untere Verzierung ist analog derjenigen der frühern Zeit appliquirt (aber vielfarbig), dagegen fehlen nicht selten die Claven, und es ist dafür die Halseinfassung verbreitert, über die Schultern hinaus verlängert und über Brust und Rücken herab zu einer Art Brustlatz vergrössert worden (vgl. Fig. 12, VIII und 8, XII). Zur Republik- und ersten Kaiserzeit waren nur Ritter und Senatoren zur Führung der Claven berechtigt. Der Ritter trug den angustus clavus in Form zweier kleinen Claven, der Senator führte den latus clavus, bestehend in einem einzelnen grossen Besatzstücke. Ob mit diesen Claven nun ausschliesslich die langen Streifen der Tuniken und die mehr oder minder breiten Streifen der Togen gemeint waren, oder ob sich jene Bezeichnung auf die runden und viereckigen Einsätze bezog, bleibt dahingestellt. Wahrscheinlich correspondirten Streifen und Aufsätze mit einander, so dass den Trägern der tunica angusticlavia zwei kleine Aufsätze und schmale Bordüren zukamen, indessen die Senatoren mit tunica laticlavia einen grossen Aufsatz und breite Bordüren trugen. Zur spätern Kaiserzeit wurde übrigens diese Regel weniger streng gehandhabt, und es dürfte das Tragen von Claven nebst tabulæ resp. orbiculæ überhaupt Personen höheren Ranges zugänglich gewesen sein.[1]) Besonders hoch gestellte Persönlichkeiten dagegen, speciell die Consuln,[2]) führten nun im Gewande eine grössere Zahl von Einsätzen, ausserdem aber einen grossen breiten Streifenclavus. Die byzantinischen Kaiser aber, und ihre höchsten Würdenträger, trugen auf der Brustfläche des Mantels einen mächtigen Clavus in der Form eines auf die Spitze gestellten Viereckes.[3])

Zum Zusammenhalten der Tuniken zog man durch diese rings um die Hüfte eine Schnur. Nicht selten sieht man an diesen Geweben noch die Löcher und Fälze, durch welche die Schnüre liefen; hie und da sind auch von diesen einzelne Fragmente noch erhalten. Man verwendete zu demselben Zwecke aber auch *Gürtel*. Diese wurden entweder mit Schliessen ähnlich Fig. 19, I zusammengehalten, oder aber sie liefen in Schnüre aus, welche ein Zusammenbinden erlaubten (vgl. Fig. 9, XI).

Von *Beinkleidern* ist uns ein Exemplar im Düsseldorfer Museum bekannt.[4]) Es ist eine Kniehose (bracca) aus Leinenstoff mit eingewirkten rothen Wollenstreifen; sie entspricht ganz unsern heutigen Schwimmhosen und hat denn auch denselben Schliessmechanismus.

Besonders reiche Todte (wahrscheinlich Mädchen) waren mit *Sockenstrümpfen* versehen. Dieselben sind charakterisirt durch ihre seltsame Form: Der grosse Zehen zeigt eine separate Hülle; die vier andern Zehen stecken in einer zweiten solchen. Der Strumpf selbst reicht nur bis an die Knöchel und ist dort mit einer Schnur zum Zusammenziehen versehen. Unser reizendes Exemplar, Fig. 8, VIII. gehörte einem jungen Mädchen an und ist aus verschiedenfarbiger (rother, schwarzer und gelber) Wolle gestrickt oder gewirkt.

Als Fussbekleidung dienten *Sandalen, Pantoffeln, Schuhe* und *Stiefel*. Die *Sandalen* gehören wohl in ihrer Mehrzahl noch der römischen Zeit an. Die dabei zur Anwendung gekommenen Systeme sind mannigfach und können hier unmöglich alle besprochen werden. Es würde die eingehende Behandlung des hier gefundenen Schuhwerkes allein eine prächtige Monographie füllen. Hier seien unsere beiden Kindersandalen, Fig. 4 und 5, VIII, vorgeführt. Bei Beiden gieng zwischen dem grossen und den 4 kleinen Zehen ein Riemen durch, welcher der Sandale den hauptsächlichsten Halt gab; Fig. 5 ist der auf der Oberfläche angebrachten eingeschnittenen Ornamentik wegen ganz besonders werthvoll. Die *Pantoffeln* erinnern lebhaft an die noch heute im Orient gebrauchten „Schlappen". Insbesondere thut dies neben-

Fig. 3.

---

[1]) Vgl. Fig. 17 und 18, VIII aus christlichen Katakomben. Auch auf den Graf'schen Mumienbildnissen gewahrt man an mehreren Porträts links und rechts von den Schultern herabsinkende Claven.
[2]) Man vergleiche die elfenbeinernen Consulardiptychen des VI. Jahrhunderts.
[3]) Man vergleiche die Mosaiken von Ravenna (Justinian und sein Gefolge) etc.
[4]) Dr. Bock, Katalog der frühchristlichen Textilfunde des Jahres 1896, No. 94.

stehende Fig. 2, die ausserdem noch durch die eingravirten Zierlinien Interesse bietet. Besonders schön ist Fig. 1, VIII aus rothem Maroquinleder und mit durchbrochenem Goldbesatz; bemerkenswerth an diesem Stücke ist das blattartige Ornament, welches in genau derselben Form unter den byzantinischen Geweben wiederkehrt. Die *Schuhe* fanden sich in allen Gestalten und Grössen d. h. sowohl für kleine Kin'er, als auch für Erwachsene berechnet. Sie gehören in ihrer Mehrzahl der byzantinischen Zeit an und bieten durch die verschiedenen Schnittformen hohes Interesse. Ihre Decoration besteht bald in farbigem Lederbesatz (Fig. 6, VII), bald ist das Oberleder zu Glanzleder verarbeitet oder mit eingeritzten Linien verziert (vgl. Fig. 2, VIII und nebenstehende Fig. 4).

Fig. 4.

Auch einige *Stiefeln* sind zu Tage gefördert worden; sie tragen hohe Schäfte, mit eingepressten Linien verziert, und sind an der Fussspitze nach oben gekrümmt (Fig. 7, VIII). Ohne Zweifel gehören sie bereits der byzantinischen Zeit an.

Die Textilien.

Als *Rohstoff* verwendete man zu der Mehrzahl der Gewänder *Leinwand*. Aegypten war im Alterthume seit Urzeiten für vortreffliche Leinwand berühmt, und seine ausgedehnte Flachscultur diente nicht allein dem eigenen, sondern auch fremdem Bedarf. Gerade das alte Panopolis hatte wegen seiner Leinewebereien schon in römischer und vorrömischer Zeit hohen Ruf und es darf also mit Sicherheit angenommen werden, *dass von Panopolis aus Gewebe, wie die vorliegenden, nach allen Richtungen, vornehmlich auch nach Norden und Westen, also nach Byzanz, Rom u. s. w. ihren Weg genommen haben.* Nichts berechtigt zu der Annahme, dass hier Producte localer Hausindustrie für lediglich localen Bedarf vorliegen. Der eben angedeutete panopolitanische Textilienhandel giebt vielmehr zu der Vermuthung Anlass, dass diese Gewebe in zahlreichen grössern und kleineren Fabriken hergestellt wurden. Dies bestätigen einerseits das Vorkommen ein- und desselben Dessins in zahlreichen Exemplaren, andrerseits die stylvollen Ornamente und die reiche Zahl der verschiedensten, geschulte Künstlerhände verrathenden Dessins, die sich nur als Erzeugnisse grösserer, fabrikmässiger Betriebe mit eigens angestellten geschulten Zeichnern denken lassen. Diese Annahme darf uns auch keineswegs befremden, denn schon zur römischen Zeit waren einzelne Gewerbe, wie gerade dasjenige der Textilbranche, in grösseren Betrieben eingerichtet und standen solche Fabriken selbst oft direct unter kaiserlichen Beamten. — Die Leinwand gab das Gewand, die grosse Fläche, ab, und auch zur Herstellung der feinen Zeichnungen auf dem dunklen Grunde der römischen Volldessins und Bordüren diente feiner Leinenfaden. Dagegen war es besonders die *Wolle* (Schaafwolle), welche man zur Herstellung der die Leinwandgewänder schmückenden Dessins (orbiculæ, tabulæ, claven, Bordüren etc.) verwendete. Seltener sind ganz-wollene Anzüge, doch fanden sich auch solche, und zwar einzelne von grosser Dicke, vor; sie dienten als Kleidungsstücke für die rauhere Jahreszeit und bildeten eine Specialität der Textilindustrie der El-Faijûm-Provinz. Andere Gewebe zeigen Leinenkette und Wolle-Einschuss, so unser mit Vogelfiguren gemustertes Gewebe Fig. 6, XI. — Aehnliche Verfahren fanden auch auf die *Seide* Anwendung: Man nahm Leinenfäden als Kette und durchzog diese als Einschuss mit Seide. Daneben trugen die alten Panopolitaner aber auch ganz-seidene Gewänder und ganz-seidene tabulæ. Die Zahl der bei diesen Seidengeweben zur Anwendung gekommenen Techniken ist eine mannigfache, und ebenso vielseitig, wie interessant präsentiren sich uns auch die darauf dargestellten Ornamente und Figuren. Diese werden wir in einem zweiten Bande einer Specialbesprechung und ausgehenden Abbildung, als dies ohne jene hier möglich gewesen wäre, unterziehen, und verweisen wir daher auf jene.[1])

Die *Farbe* war zur römischen Zeit fast stets dunkel-carminroth, rothbraun oder violett bis dunkelblau. Es waren all' dies verschiedene Stufen des „Purpur", der je nach Mode der Zeit und nach Rang des Trägers variirte. Prof. Dr. Wartha in Budapest hat durch chemische Untersuchung dieser Stoffe gefunden, dass

---

[1]) R. Forrer, die Gräber- und Textilfunde von Achmim-Panopolis, II. Band: Römische und byzantinische Seidengewebe, Seidestickereien und Zeugdrucke von Achmim-Panopolis.

roth, braun und violett von Krapp herrühren. „Sehr interessant ist es", schreibt uns Wartha, „dass die Alten das echte Rupenschwarz — also Eisen-Tannin —, schwarz auf Indigogrund, schon anwendeten. Der schwarzgelbe und braunrothe Stoff ist auf diese Weise gefärbt." Auch Dr. Buschan und Dr. Olshausen haben sich in ähnlicher Weise über die Färbung dieser Stoffe in den „Verhandlungen der Berliner anthropologischen Gesellschaft" ausgesprochen. Die farbenliebende byzantinische Epoche hat jenen Farben eine Unmenge neuer hinzugefügt, und roth, blau, braun, grün, gelb, violett etc. etc. finden sich hier nun in den verschiedensten Nuancen und Mischungen. Bewunderungswürdig ist die merkwürdige Frische, in der sich die einzelnen Farben erhalten haben; manche strahlen uns — nach einem 1000 bis 1500 Jahre langen Schlummer — noch heute im alten Feuer so lebhaft entgegen, als wären sie erst kürzlich den Händen des Färbers entkommen. Ohne Zweifel wären selbst unter gleich günstigen Umständen unsere Stoffe von heut' zu Tage schon längst zu Moder verdorben und die Farben unkenntlich geworden. Hier könnte noch unsere moderne Industrie bei diesen unscheinbaren Resten in die Lehre gehen.

Das eben Gesagte gilt auch bezüglich der *Technik* dieser Gewebe. Am häufigsten ist die einfache Leinwandbindung. Sie bildet die Regel bei der zur Herstellung der Gewänder gebrauchten Leinwand. Für Sommer- und Frauengewänder verwendete man feine, oft federleichte Leinwand, deren feinste Sorte, das Byssusgewebe, auch in Achmim sich vorgefunden hat. Für den Winter hatte man zottigen Leinenplüsch resp. Rubberstoffe, und wahrscheinlich verstand sich unter diesem seltenen Gewebe die alte Bezeichnung „härenes Gewand". Bei den für uns hauptsächlich in Betracht fallenden, dessinirten, Geweben war dagegen fast durchweg die Ripsbindung üblich. Der Kettenfaden ist beiderseits vom Einschlag überdeckt; letzterer besteht zumeist aus Wolle (resp. Seide), ersterer fast stets aus Leinen. Glatte Arbeiten des Weberschiffchens mit gemusterten Dessins sind selten (vgl. *Fig. 6, XI*); die Mehrzahl der Dessins ist vielmehr in Hautelisse- resp. Gobelinwirkerei ausgeführt. Man bediente sich dazu einer meist vertical, seltener horizontal stehenden Kette und entfernte aus einem auf eine Rahme gespannten Leinen unter Belassung der Kettenfäden durch Ausziehen die Einschlussfäden; in die derart entstandene Kette wurde sodann das Muster mit farbiger Wolle eingewirkt. Zur römischen Epoche stellte man zahlreiche Volldessins und Bordüren derart her, dass man in den farbigen Grund nachträglich die Ornamente mit weissem Leinenfaden einwirkte. Derart sind die prächtigen Liniencombinationen wie Fig. 5 und 6 (III) und Tafel V etc. hergestellt; ihre Feinheit und ihr Reichthum machen sie uns noch heute bewundern, und es bilden diese reizenden Nadelarbeiten für unser modernes Kunstgewerbe wahre Fundgruben mustergültiger Vorbilder. Die Technik nachträglicher Nadelstickerei resp. Wirkerei fand auch bei figürlichen Dessins Anwendung, indem die zarten Farbenlinien eine genauere und détaillirtere Zeichnung ermöglichten, diese verfeinerten. Zur byzantinischen Zeit hatte diese Technik ihre frühere Beliebtheit verloren, und man umnähte nun die Kettenfäden gleichmässig mit verschiedenfarbiger Wolle — die Umrisse vorher durch weisse oder schwarze Fäden vorzeichnend. Hier erst hatte die Gobelintechnik ihre Höhe erreicht, und in der That erinnern manche Gewebe dieser Zeit ganz an französische Gobelinarbeiten des XVII. Jahrhunderts (man vergl. besonders Fig. 7, Tafel XI und Tafel XVI). Bemerkenswerth ist die Thatsache, dass in Ungarn von der bosnischen, slavischen und walachischen Bevölkerung noch heute Teppiche angefertigt werden, welche sowohl in der Technik, als in der Composition und Farbe frappante Aehnlichkeit mit manchen unserer byzantinischen Stoffe aufweisen.[1]

Selten, sehr selten sind eigentliche *Stickereien*. Die hochentwickelte und vielgeübte Wirkerei liess im Alterthum die Stickerei nicht aufkommen.[2] Doch fehlen auch Proben von dieser nicht. Hie und da beobachtet man kleine Kreuze und ähnliche kleine Figuren in die Leinwand mittelst farbiger Wolle eingestickt. Das Grossartigste aber, was wir heute von Stickereien aus der frühbyzantinischen Zeit noch besitzen, sind zwei in unserer Sammlung befindliche Claven aus dem Gräberfelde von Achmim. Der eine Clavus zeigt sich auf das Leinengewand aufgenäht und enthält in Seide aufgestickte Heiligen-

[1] Gefl. Demonstration des Herrn E. v. Radisics, Director des Budapester Gewerbemuseums anlässlich eines dortigen Besuches.

[2] Zu demselben Schlusse kommt auch Al. Riegl pag. XIII und ff. seines „Katalogs der ägyptischen Textilfunde im k. k. österr. Museum."

bilder. Der andere Clavus — das Hauptstück unserer Sammlung — war nicht auf das Gewand aufgenäht, sondern bildete für sich eine Stola-ähnliche Binde. Dies ist der Clavus, wie er uns in ähnlicher Form auf byzantinischen Consulardiptychen entgegentritt. Die Oberfläche nun ist mit aufgenähten Seidenkreuzen und ausserdem mit einer Reihe rechteckiger tabulae geschmückt, welche in vielfarbiger Seide gestickt: Christus, Heilige, Engel u. s. w. zeigen. Wir reproduciren vorläufig daraus auf Tafel XIII Fig. 8 einen Christus am Kreuz und behalten uns nähere Besprechung desselben vor. Der zweite Band dieser Publikation, die Seidenreste von Achmim umfassend, wird diesen ganzen Clavus zur Abbildung bringen und die einzelnen Darstellungen in Farben vorführen. — Auch über eine andere merkwürdige Erscheinung wird anlässlich des ersterwähnten Seidengestickten Clavus im zweiten Bande näher berichtet werden. Jener zeigt nämlich deutliche Spuren alter *Zeugbemalung* oder alten *Zeugdruckes*, wobei die Contouren dem Sticker als Vorzeichnung dienten. — *Posamentirarbeiten* hat schon die Steinzeit geliefert[1]) und auf den assyrischen Wandskulpturen sehen wir an den Kleidern ausgiebigen Gebrauch von dieser Kunst gemacht. Auch die alten Aegypter und ebenso unsere Panopolitaner kannten sie. Häufig sind die Säume der Gewänder ausgefranst, oder es sind kurz vor dem Rande die Einschlagfäden ausgezogen und dadurch Halbfransen hergestellt worden. Einzelne dieser Fransen sind geknüpft und zu Quasten vereint. Ihre Länge variirt zwischen 2 cm. und 1/2 Meter. — Die *Strickerei* findet in den Strümpfen und die *Spitzenklöppelei* in den Mützen ihre erste Repräsentation (vgl. *Fig. 15 X 12, 16, XI*). Letztere Techniken gehören ohne Zweifel der Hausindustrie zu, und auch manche unserer geringern Gewebe und Wirkereien mögen ausserhalb dem fabrikmässigen Betriebe in der Hütte selbständiger Arbeiter entstanden sein.

Die Dessins der römischen Epoche.

Während Dr F. Bock[2]) und Essenwein[3]) die Gewebe von Achmim in die Zeit vom V.—VIII. Jahrhundert setzten und Riegl[4]) die Zeitfrage ganz unberührt liess, wiesen wir in unserem 1889 publicirten „Versuch einer Classification der antik-koptischen Textilfunde"[5]) darauf hin, dass ein Theil dieser Gewebe unbedingt frühern Ursprungs und *noch in die classisch-römische Kaiserzeit zu setzen sei, und dass ferner das ganze Stoffmaterial drei zeitlich auseinander liegenden Kunstepochen angehöre.* Die Textilien der „ersten" dieser Perioden, der „römischen Epoche" — man könnte dies auch als die „classische" bezeichnen — tragen durchaus den Character der ersten 3 Jahrhunderte unserer Zeitrechnung. Die Mehrzahl enthält rein *classische* Vorbilder und verräth die Hand *classisch* geschulter Künstler; oft glaubt man förmliche Copieen classischer Mosaiken vor sich zu haben. Was wir da sehen, erinnert noch durchaus nicht an Christen oder „christliche Kopten", denen man alle diese Stoffe zuweisen zu müssen glaubte; von christlichen Figuren ist vielmehr so zu sagen *nichts* in den Stoffen der ersten Epoche zu beobachten. Wohl mögen auch bereits zu jener Zeit Christen mit diesen Stoffen bekleidet gewesen und begraben worden sein, und es ist auch möglich, dass man diesen gelegentlich einmal ein christliches Symbol beigab oder in solches in die Stoffe einwob[6]), allein gerade die ersten Jahrhunderte unserer Zeitrechnung waren den Christen gefährlich und wenig zur Schaustellung christlicher Symbole an Kleidern geeignet. Vielmehr bewegen sich sämmtliche Dessins dieser Epoche noch in den Formen der gut „heidnischen", aber eben gerade noch *classischen* Kaiserzeit. Die wilden Thierkämpfe, die zahlreichen Genien und Fabelwesen, die vielen Kriegergestalten passten durchaus nicht zu den christlichen

---

[1]) Vgl. „Prähistorische Varia" von R. Forrer und H. Messikommer. Zürich 1889 „Die Textilindustrie der Pfahlbauer" von H. Messikommer.
[2]) F. Bock, Wegweiser durch die levantinische Ausstellung 1885.
[3]) Essenwein, Mittheil. des german. Nat.-Mus. Bd. II p. 80.
[4]) Riegl, Die ägypt. Textilfunde des k. k. österr. Museums 1889.
[5]) Vergriffen, aber auch zum Abdruck gelangt in der von R. Forrer redigirten prähistorischen Zeitschrift Antiqua 1889; mit 4 autogr. Tafeln. — Auch Gerspach in seinem „Tapisseries coptes" datirt die ältesten Stoffe von Achmim in das II. oder III. sæc.
[6]) Als solche einzelne frühchristliche Symbole von Todtengewändern bezeichnen wir hier den Hasen, den Fisch und die Taube. Dies waren aber „versteckte Sinnbilder", deren christliche Bedeutung lediglich den Christen bekannt war. Ausserdem dürften gerade diese meist nur von Funeralgewändern, d. h. von eigens für die Todten hergerichteten Leichengewändern stammen, indessen man sich an den im Leben getragenen Kleidern eines demonstrativen Schmuckes mit christlichen Symbolen enthielt.

Anschauungen, und wir haben also in den Stoffen der ersten Epoche weder speciell koptische, noch speciell christliche, sondern eben *römische Gewandreste* vor uns.

Was diese erste Categorie unserer Achmim-Textilien auszeichnet, ist eine *hervorragende Schönheit der Zeichnung*.

Die *Ornamente* theilen sich in Bordüren und Volldessins (Einzelmedaillons). Erstere zeigen reizend zierliches Blätterwerk, häufig auch vasenartige Gefässe, denen stilisirte Pflanzenornamente entspringen. Hie und da erscheinen Bänder mit sicher gezeichneten aneinandergefügten Einzelornamenten, Bordüren mit dem classischen Ornamente des „laufenden Hundes", seilartig gewundene Zierbänder, complicirte Verschlingungen gebogener Linien und reiche Combinationen gerader Linien zu Mäandern, Netzen, Sternen u. s. w. Die einfachsten Bordüren bestehen in einem oder mehreren parallel nebeneinander herlaufenden dunklen Streifen. Deren Breite variirt zwischen 1 und 15 cm. Häufig zeigen sich diese einfach aber kräftig wirkenden Streifen beiderseits von schmalen Ornamentbordürchen flankirt. Die Einzelmedaillons, in ihrer äussern Form bald rund, bald quadratisch, oval, stern-, blatt- oder andersförmig, variiren in ihrer Grösse zwischen 5 und 50 cm. In ihrer Mehrzahl führen sie feingewirkte Linienornamente: mannigfache Linienverschlingungen, verwickelte geometrische Ornamente und mäanderartige Combinationen, das Ganze gewöhnlich von einer ornamentalen Bordüre umrahmt. Hie und da trägt das Medaillon einen kometartigen Ausläufer, der in einen Stern mit Blätterornamentik, in ein stilisirtes Blatt oder dgl. endigt. Seltener sind Volldessins in Form grosser, schön stilisirter Baumblätter. Neben diesen Ornamenten sehen wir ferner in verschiedener Anwendung und in verschiedenen Grössen von 1 cm. bis zu 40 und mehr cm. Durchmesser das Hakenkreuz (Swastika) wiederkehren. Bald begegnet es uns in einzelne Bordüren eingeflochten, bald ziert es als mächtige Einzelmedaillons die Ecken von Tuniken und Togen (vgl. Fig. 3, XI).

Die *Thierfiguren* dieser Epoche sind von merkwürdig correcter Zeichnung. Sie erscheinen bald handelnd (springend oder an Früchten nagend), bald ruhend, gewöhnlich inmitten von Rankenwerk, das ihnen zur Umrahmung dient. In den Bordüren sind oft mehr als ein Dutzend solcher Thiergestalten hinter- und gegeneinander gesetzt. Besonders häufig sind Löwen, Hasen[1]), Gazellen; ferner erscheinen Schildkröten, Hirsche u. s. w. Von Vögeln lassen sich deutlich erkennen Adler, Gänse, Wachteln, Tauben, etc. — Auch *Fabelthiere*, halb Mensch, halb Thier, finden sich unter unsern Stoffen vor. Wir beobachten kämpfende Centauren mit Pferdeleib und menschlichem Oberkörper, Steine schleudernd, und Meerweibchen, mit Fischschwanz und weiblichem Oberkörper. — Am vielseitigsten präsentiren sich die *Menschengestalten*. Ihre Darstellung ist ebenso correct, wie lebhaft; in den Bewegungen zeigt sich überall Leben und Kraft, in der Zeichnung Verständniss und Geschick. Fast stets erscheint die Figur handelnd. Wir sehen kämpfende Kriegergestalten, bekleidet mit flatterndem Mantel oder Brustrock, bewaffnet mit grossem Ovalschild oder kleinem Buckelschild, in der Rechten den Speer oder das Schwert führend, oder ein Geschoss schleudernd. Classische Reitergestalten führen uns gleich interessante Darstellungen vor; die Pferde zeigen sich reich geschmückt mit Phaleren, der Reiter mit reich verziertem Schuhwerk versehen. Ueberaus bewegte Szenen veranschaulichen Gladiatoren im Kampfe mit wilden Thieren. So sehen wir in Fig. 2, 11 den obersten Gladiatoren einen Löwen bekämpfen; der zweite stösst einer Löwin das Schwert in die Brust, ein dritter drückt knieend einem Löwen den Speer in die Rippen; ein vierter bekämpft einen Tiger und ein fünfter hält einem herannahenden Löwen den Handschild entgegen. Fig. 10, 11 zeigt einen mit dem Leibrock bekleideten Jäger einem fliehenden Thiere die Lanze entgegenstrecken. Neben diesen kriegerisch-wilden Gestalten fehlen auch die anmuthigen nicht. Der Winzer, Fig. 7, 11, ist eine wahrhaft classische Darstellung, und ebenso der auf einem Löwen reitende Knabe Fig. 7, VII und die fliegende Genie Fig. 12, VII[2]). In Fig. 10, VII vermuthen wir eine Darstellung des den Himmel tragenden Herkules, auf der Kugel erscheint eine Schildkröte dargestellt. Auch Karyatiden fehlen

---

[1]) Bei den Aegyptern und ebenso in frühchristlicher Zeit bei den Christen bildete der Hase das Symbol des rasch vergänglichen Lebens. In diesem Sinne erscheint er in frühchristlichen Darstellungen nicht selten in Verbindung mit andern christlichen Symbolen z. B. mit dem Kreuze, mit der Weintraube etc. So bedeutet unsere Fig. 4 III, Hase (Sinnbild des Menschen) an einer Traube (Symbol des „verheissenen Landes", des Himmels) essend, dass der Verstorbene so gelebt habe, dass er nun den Frieden Gottes geniessen könne, sich den Himmel verdient habe.

[2]) Man vergleiche bes. auch Fig 1 von Gerspach „Les tapisseries coptes" (Paris, 1890).

nicht, und überraschend wirken die Darstellungen von Fig. 6, II, ein Knabe mit Gans und eine mit Arm- und Fussringen geschmückte Negerin. Die reizende Doppel-Bordüre Fig. 5, II erinnert ganz an romanische Miniaturen, verräth aber durchaus römische Kunst[1]). Merkwürdig ist das grosse, mit zahlreichen Frauengestalten gezierte Medaillon Fig. 3, III: In der Mitte ein in ein Horn blasendes Meerweibchen, auf diesem eine Göttin sitzend; in der Randeinfassung eine auf einem Seepferd reitende Frauengestalt, in der Rechten einen Spiegel, in der Linken einen Ring haltend, rechts eine ebensolche, auf einem andern Seethier reitend und sich ein Collier umlegend, unten eine dritte Göttin mit flatterndem Mantel, auf einem Delphine sitzend u. s. w. — In ähnlicher Weise finden sich die Thaten des Hercules und andere Geschichten des Alterthums dargestellt. Alles athmet Leben und all' diese Gestalten erscheinen der Natur abgelauscht. Alle Figuren und Ornamente verrathen classische Künstlerhand. Sie entsprechen vollkommen den Figuren, wie sie uns auf Steinskulpturen, in Terracotten und Mosaiken der ersten römischen Kaiserzeit erhalten geblieben sind. — Characteristisch für diese Epoche sind auch die *Farben* dieser Stoffe. Fast durchweg sind dieselben dunkel: schwarz, schwarzbraun, rothbraun; tief-violett und tief-dunkelblau; meist sind es Violett, Braun oder Roth in unzähligen Uebergängen. Hellere Farben erscheinen nur sehr selten und dann spärlich angewendet. So sind hie und da an Stelle der tiefdunkeln Farben kupfer- oder carminroth, auch wohl ein etwas helleres blau, verwendet; bei den dunkeln Darstellungen erscheinen gelegentlich einige farbige Ornamentchen eingesetzt. Allein in der überwiegenden Hauptsache ist die Zeichnung *stets dunkel und einfarbig*, d. h. es ist entweder der Grund weiss und das Ornament schwarz eingesetzt, oder umgekehrt ist der Grund dunkel und die Zeichnung weiss. Im letztern Falle ist sie zumeist sorgfältig mit der Nadel und weissem Faden eingewirkt. Diese letztere Technik kommt besonders bei den Dessins mit vielverschlungenen Linienornamenten vor und fand ebenso Anwendung, wenn bei schwarzfigurigen Dessins feinere Zeichnungen aufgetragen werden mussten. Diese zarte Nadelarbeit, verbunden mit der correcten Zeichnung, mit lebendiger Composition und einfacher würdiger Farbengabe, bilden die characteristischen Merkmale der ersten resp. römischen Epoche.

Die Dessins der Uebergangsperiode.

Haben wir die hervorragendsten Gewebe vom Typus der ersten Epoche als specifisch römische und als den ersten Jahrhunderten unserer Zeitrechnung angehörig kennen gelernt, so ist hiemit gleichwohl nicht gesagt, dass absolut sämmtliche Gewebe dieses Characters unbedingt der Zeit vom ersten bis dritten Jahrhundert zugewiesen werden müssen. Wie im Mittelalter die alten Stylarten keineswegs mit Erscheinen eines neuen Styles sofort den Platz räumten, und wie Sitten und Gebräuche, auch wenn veraltet und wenn andere an ihre Stelle getreten, keineswegs sofort ausstarben, sondern vereinzelt noch Jahrzehnte lang fortlebten, so sind ohne Zweifel auch die Stoffe von der Art der ersten Periode nicht sofort verschwunden, sondern nur *allmählig* haben sie neumodigern Stoffen Platz gemacht und nur *allmählig* sind sie vom Markte verschwunden. Allein wie sich dies sowohl an den römischen Münzen, als an den römischen Skulpturen und überhaupt überall in der römischen Kunst verfolgen lässt, so ist auch in unsern Stoffen eine mit den Jahren immer mehr hervorgetretene *Décadence* zu constatiren. Die Zeichnung mancher einfarbiger Textilien trägt zwar äusserlich noch den Character der ersten Epoche, indessen lässt sich daran aber nicht selten eine gewisse *Vernachlässigung und Verroherung der Formen* beobachten. Es ist nicht etwa nur ein minderbegabter Künstler, der diese minderwerthigen Textilien schuf, sondern es prägt sich in denselben *eine Versteifung der Formen* aus, die uns heute wenig schön erscheinen, damals aber „Mode" geworden sein. Ohne Zweifel ist diese Erscheinung ein Vorläufer zum vollständig versteiften byzantinischen Style, und gerade diese beginnende Versteifung ist also ein Merkmal für die Uebergangsepoche — unsere *zweite Periode*. — Solche Versteifung zeigen die Venus-gestalt Fig. 1, IX, die Kriegerfiguren No. 2 und 4, IX, die Vogeldarstellungen Fig. 3 und 17, IX und die Ornamente Fig. 6 und 7, IX. Während bisher möglichst feine Zeichnung beliebt war, zog man nun wuchtiger wirkende Farbencontraste

---

[1]) Vielleicht sind darin keine Frauenbüsten zu sehen, sondern es liegt möglicherweise eine Andeutung der heiligen 12-Zahl, der 12 Apostel, vor?

vor und setzte an die Stelle der zarten feinen Rankenbordürchen Folgen von aneinandergereihten schwarzen Herzen auf weissem Grunde (vgl. Fig. 13, XII); die menschlichen Gestalten erhalten compactere Formen und verlieren dabei von ihrer Eleganz, gewinnen dagegen an äusserlichem Effect auf die Entfernung. Die Farbengebung ist noch immer dieselbe, wie zur Zeit der ersten Epoche, also ein weiss auf schwarz oder schwarz auf weiss. Derart präsentirt sich uns die Uebergangsepoche in ihrem *ersten Stadium*. — Diesem gesellte sich gleich ein *zweites Stadium* bei: Nach Ammianus Marcellinus (r. 296—303) sah man um die Mitte *des vierten Jahrhunderts die bunten Kleider die einfarbigen verdrängen.* Falke[1]) schreibt darüber: „Man gieng von Thierfiguren, von Löwen, Bären, Panthern, Adlern, Elephanten zu Menschenfiguren und szenischen Darstellungen, zu völligen Bildern über, wie sie der Maler auf Wand und Tafel darstellt: *Fromme Christen verzierten ihre Tuniken und Pallien mit Gegenständen der christlichen Geschichte, mit der Hochzeit zu Kana, mit den Wundern Christi und seiner Leidensgeschichte . . . . Die Byzantiner nahmen mit Begierde die buntgewirkten (!) orientalischen Seidenstoffe auf und bestickten sie ferner mit Gegenständen ihres eigenen Geschmacks, unter denen die christlichen oben an standen.«* — Es ist, als hätte Falke diese Worte gerade für uns geschrieben, denn das Aufkommen christlicher Symbole und bunter Muster bildet just das characteristische Merkmal für unsere „zweite" oder „Uebergangsepoche"; dieselben Merkmale, wie sie Falke citirt, lassen sich auch an unsern Stoffen beobachten: *Christliche Symbole und Gestalten beginnen zu erscheinen.* Das bis dahin wohl schon bekannte und gelegentlich auch ornamental bereits angewendete Kreuz wird zum Symbole der Christen erhoben und erscheint nun in dieser Eigenschaft häufiger als je zuvor in Anwendung gebracht. Wir begegnen ihm in der einfachen geradlinigen und gleichschenkligen Form, sowie in der sogenannten ravennatischen Gestalt und in andern Neubildungen. Nicht selten hat es den Anschein, als stände es zu den es umgebenden Thier- und Menschenfiguren in symbolischer Beziehung. Häufig zeigt sich das Kreuz in Verbindung mit dem X, dem Initial Christi. In Fig. 1, Taf. X sehen wir das Lamm Christi, in Fig. 5, IX den in dieser Zeit häufig zur Darstellung gelangten Walfisch des Jonas, in Fig. 14, VII die christliche Taube; Fig. 14, XII zeigt den Hahn, bekanntlich ebenfalls ein christliches Symbol. Zahlreich sind die vom Christenthum als Symbol Christi dargestellten Fischfiguren (vgl. Fig. 8 und 12, IX). All' diese Erscheinungen, die uns Marcellinus *zu Beginn des IV. saec.* verkündigt, fallen offenbar zusammen mit den günstigen Verhältnissen, welche sich in den ersten Jahrzehnten des IV. Jahrhunderts für die Christen gestalteten. Bis dahin waren sie stets minder geachtet und häufig verfolgt worden. Jetzt aber begann sich für sie ein dauernder Umschwung zu vollziehen. Im Abendlande begünstigte Constantin der Grosse das Christenthum schon seit seiner Thronbesteigung (306), sicherte 313 den Christen durch das Mailänder Edict Duldung und erhob 324 das Christenthum zur Staatsreligion. Im Orientreiche, also auch in Aegypten, erliess der bis dahin eifrige Christenverfolger Galerius Maximianus (305—311) im Jahre 311 ein Edict, wodurch den dortigen Christen vollkommene Duldung gewährt wurde. Die Umwandlung, welche sich um diese Zeit auf textilem Gebiete vollzog, stand also nicht allein im Zusammenhang mit diesen historischen Ereignissen, sondern war eine directe Folge derselben!

Laut dem Zeugniss des Marcellinus fällt auch *das Auftreten mehrfarbiger Dessins* in die Zeit des IV. saec. Wiederum dürfte auch diese Neuerscheinung von geschichtlichen Vorgängen beeinflusst worden sein. In dieser Zeit verlegte sich das Schwergewicht des römischen Reiches vom Westen nach dem Osten, von Rom nach Byzanz[2]). Die weströmische Sitte und Kleidung wurde von der oströmischen immer mehr beeinflusst und eine Folge des orientalischen Uebergewichtes war u. A. *eine erhöhte Farbenliebe.* Man fühlte das Bedürfniss, die bisher einfarbigen Dessins durch Einsetzen anderer Farben zu beleben, und so entstanden zunächst die zwar in ihrer Umrahmung und theilweise auch in der Zeichnung noch dunkel gehaltenen, aber bereits mit einzelnen hellen Farben (hellgelb, hellgrün, hellroth) durchsetzten Gewebe Fig. 4, 5 und 7. Taf. X; ihre Zeichnung lehnt sich noch unmittelbar an die classisch-römische an, zeigt aber nicht selten bereits oben erwähnte Versteifung. — Diesen ersten Versuchen folgte eine Weiterausbildung der einmal begonnenen Farbenausschmückung. Das Resultat waren vielfarbige Orna-

---

[1]) Vgl. Falke, Costümgeschichte pag. 113 u. ff. (Stuttgart, W. Spemann).
[2]) 330 n. Chr. Verlegung des Kaisersitzes von Rom nach Constantinopel.

mente und Figuren. Die Zeichnung leidet unter der Farbe, die letztere aber erblüht in immer schönern Compositionen. Dies bildet das zweite Stadium unserer Uebergangsepoche[1]) — die Frucht ist reif für den Byzantinismus!

Die Dessins der byzantinischen Zeit.

Im fünften Jahrhundert war die byzantinische Kunst bis zu einem gewissen Grade selbständig geworden, und wir stehen im Beginne unserer „dritten" oder „byzantinischen" Epoche. Der im vorherigen Jahrhundert begonnene Umbildungsprocess hat sich vollzogen, und wir haben nun die Producte eines vollständig neuen Kunststyls, einer neuen Aera, vor uns. Wie in den Mosaiken an Stelle der classischen, in dunklen Farben gehaltenen, nun hell- und vielfarbige solche getreten sind, wie man an Stelle der früher weissen Grundirung in Malerei und Mosaik nun leuchtend-farbigen oder Goldgrund einführte, so verschwanden auch in den Stoffen dieser Zeit die weissen Fonds und die dunkeln eintönigen Farben. An ihre Stelle traten farbenfreudige, oft nur zu grellfarbige Compositionen auf gleichfalls farbigem Grunde. Aber diese Liebe zur Farbe erdrückte die Liebe zur Zeichnung: Um die Farben desto kräftiger wirken zu sehen, verstärkte man die Contouren und schuf damit breitere, aber auch plumpere Linien. *Es giengen die Feinheit der Zeichnung und ihre Leichtigkeit verloren — die Folge davon war eine Verrohung und Versteifung aller Formen.* So entstand der byzantinische Styl und so ist der Umschwung von den römischen zu den byzantinischen Textilien zu erklären. Die Menschenfiguren haben ihr Leben verloren, sind steif und formlos geworden. Die Thierfiguren haben die gleiche Metamorphose durchgemacht und sind nur selten noch bestimmbar. Die Ornamente haben jede classische Form verloren. Die prächtigen Rankenbordüren sind mager, schwunglos und unschön, überhaupt aber selbst in dieser verkommenen Form selten geworden. Die Form gilt nichts mehr, die Farbe alles; und um diese zur vollen Geltung zu bringen, setzt man an Stelle der frühern zarten Rankenbordürchen u. dgl. runde, eckige oder treppenartige Felder und füllt diese abwechselnd mit verschiedenen Farben aus (vgl. Fig. 1 und 12, Taf. XV). Es ist damit eine polychrome Ornamentik erzielt, die man am besten mit dem Worte „Farbenmosaik" bezeichnet. Diese geht denn auch vollständig parallel mit den byzantinischen Mosaiken, deren Technik gegenüber den römischen ebenfalls verändert hat und vor Allem auch in dem Anwenden eines farbigen Untergrundes und vielfarbiger Steine ihren Schwerpunkt hat. Die Farbenmosaik beschränkte sich aber nicht allein auf die Ornamente, sondern übertrug sich auch auf die Menschen- und Thiergestalten: Jeder Gegenstand, jedes Thier, jede Menschenfigur erstrahlt in einer Menge der verschiedensten Farben und oft in den unsinnigsten Farbencombinationen. Gerade dadurch aber wurde eine merkwürdige Farbenpracht erzielt — characteristisch just für die ganze byzantinische Kunst. — Auch eine technische Veränderung ist in der dritten Epoche zu constatiren. Die zarten Nadelarbeiten sind verschwunden und die Gobelintechnik beherrscht das ganze Gebiet; in dieser wendet man ein neues Verfahren bei der Herstellung an: man zeichnet die Contouren der Figuren und Ornamente mit weissen, schwarzen oder dunkelblauem Faden vor und füllt nachher die freiliegenden Flächen mit den dafür bestimmten verschiedenfarbigen Wollfäden aus.

Das Christenthum, im vierten Jahrhundert vielorts noch ein äusserliches und erzwungenes, hat im fünften Jahrhundert weitere Ausbildung und Festigung erfahren — es ist in Fleisch und Blut der Bevölkerung übergegangen. Dies spiegelt sich auch in unseren Stoffen der dritten Epoche wieder. Zahlreich sind die auf den Gewändern Achmims angebrachten christlichen Symbole, zahlreich die in die Schmuckgegenstände eingeflochtenen christlichen Abzeichen. Das christliche Kreuz begegnet uns auf Ohrgehängen und Gürtelschnallen, sowie in Form von elfenbeinernen Amulet-Anhängern. Wir finden es wieder auf zahlreichen Gewebefragmenten und in mannigfachen Formvarianten; mit ihm vergesellschaftet

---
[1]) Wir unterscheiden also in unserer „Uebergangsperiode" ein „erstes" und ein „zweites Stadium" — das erste sich mehr an die römische Epoche, das zweite sich mehr an die byzantinische Periode anlehnend. In diesem Sinne ist auch unser „Versuch einer Classification der antik-koptischen Textilfunde" (Strassburg, 1889) zu berichtigen: Fig. 6, Taf. XIII (hier Fig. 1. X) setzen wir nun in die Uebergangsepoche, I. Stadium: Fig. 8, Taf. XIII (hier Fig. 11, IX) gehört in das II. Stadium der II. Epoche. Fig. 1—4 der Taf. XV sind dagegen in die III. Periode zu datiren, wobei aber 2 und 4 wieder älter sind, als 1 und 3.

sehen wir Figuren nimbirter Heiliger und Darstellungen von Priestern, Szenen aus der Heiligen- und Leidensgeschichte etc. etc. — Was Marcellinus zu Anfang des IV. sec. uns als „neumodig" verkündete, war zu Beginn des folgenden Jahrhunderts bereits derart en vogue geworden, dass schon Asterius (geb. um 330, gest. 410) gegen die Unsitte des bildlichen Kleiderschmuckes zu eifern begann. „Seit man die „ebenso eitle, wie unnütze Kunst der Weberei erfunden hat, die, mit der Malerei rivalisirend, durch die „Combination von Kette und Einschuss die Gestalten aller Thiere herzustellen weiss, beeilten sie sich, „für sich sowohl, als für ihre Frauen und Kinder, Kleider zu kaufen, welche mit Blumen und Bildern „der verschiedensten Art bedeckt waren. . . . Man sieht da Löwen, Panther, Bären, Stiere, Hunde, Wälder, „Berge, Jagden und mit einem Wort alles, was der Maler durch Abnahme von der Natur erzeugen „kann. . . . Die Frömmsten der Reichen entnahmen selbst den Evangelien ihre Sujets." — Diese Bildersucht gieng schliesslich so weit, dass man sogar *Porträts hoher Personen* zur Decoration der Gewänder wählte. So schenkte der Kaiser Gratian († 383) seinem Lehrer, dem Consul Ausonius (309 bis ca. 395) *eine Tunika mit dem eingewirkten Bilde Constantins des Grossen*. Solch' ein Portraitbild stellt unsere Tafel XVI mit nimbirter Portraitbüste dar. Die Farben weisen in Verbindung mit der noch vorzüglichen Modellirung auf die frühbyzantinische Zeit, und dürften wir kaum fehl gehen, indem wir das wunderbare Gobelinbild dem V. Jahrhundert zuweisen. Bemerkenswerth ist die Uebereinstimmung, welche sich zwischen diesem gewobenen antiken Portrait und den gemalten Graf'schen Mumienbildnissen derselben Zeit beobachten lässt. Hier wie dort sehen wir das Portrait en face und die Augen mit derselben, für diese Bilder so characteristischen dunkeln Gluth dargestellt.

Das frühchristliche Symbol des *Fisches* begegnet uns auch in der byzantinischen Epoche wieder (vgl. Fig. 11, XV) und nicht selten erscheinen *Pfauenfiguren* als Symbole der Auferstehung (vgl. Fig. 9, XIV). *Heilige mit Glorienscheinen* sehen wir bald stehend, bald sitzend, mit erhobenen Händen segnend, dargestellt (vgl. Fig. 1, XIV und 10, XV). Fortwährend begegnen wir in den Centren der Rondrunden Medaillons mit der Darstellung einer nimbirten Büste — *dem Bilde Christi* (vgl. Fig. 2, XIV und 5, XIII). Wir sehen ferner „Christi Einzug in Jerusalem, auf einem Esel, die Palme in der Hand" (Fig. 3, Taf. XV), endlich *Christus am Kreuz* (Fig. 8, XIV) und — als besonders wichtig — das byzantinische *Monogramm Christi* mit „Alpha et Omega" (Fig. 12, XII) die Gewänder der christlichen Panopolitaner zieren.

Den hier skizzirten Character der Textilien unserer byzantinischen Epoche bewahren sie nun im grossen Ganzen während vielen Jahrhunderten, und er herrschte im europäischen Gebiete weiter, als im Orient die Araber schon längst den byzantinischen Besitz an sich gezogen und an die Stelle der byzantinischen Kunst eine eigene, neue Kunstrichtung gesetzt hatten. Gleichwohl blieb auch die erstere nicht fortwährend in demselben Geleise. Es lässt sich vielmehr auch hier — und zwar wiederum an unseren Stoffen — eine allmähliche Ummodellirung des byzantinischen Styls verfolgen: Manche unserer Gewebe der III. Epoche sind noch von recht guter, deutlicher Zeichnung und verrathen sofort einen gewissen Rest classischen Einflusses. Dahin gehören besonders manche Genien- und Reiterdarstellungen. Diese Gewebe sind unzweifelhaft älter d. h. den classischen Zeiten näher, als wiederum andere, die jenen entfernter liegen. Diese letztere Categorie zeigt überaus grelle, schreiende Farbenanhäufungen, sowie klotzige, undenkbar barbarische und eckige Zeichnung. Erstere Dessins weisen auf die noch oft an classische Momente sich stützende frühbyzantinische Zeit und gehören also ungefähr in das V. bis VI. Jahrhundert, indessen die letzteren ein zweites, späteres Stadium repräsentiren und dem VII. und VIII. sec. zuzuweisen sein dürften. Trefflich illustrirt dies unser Gewebe (Fig. 6, XIII), dessen noch lebhaft und wohlverstandene Zeichnung eine Datirung in das erste Stadium der byzantinischen Epoche erlaubt, und welche Datirung durch Sidonius Apollinarius (430—488) bestätigt wird, denn er beschreibt ein fremdes (persisches?) Gewebe, das dem unsern ohne Zweifel als (indirectes) Vorbild gedient hat: „Man sieht darin, ein Wunder der Kunst, den Parther mit grimmigem Blicke und rückwärts gewendetem „Kopfe, auf seinem Renner sitzend, entfliehen und sich umwenden, um seinen Pfeil abzusenden, bald selbst „fliehend, bald die wilden Thiere fliehen machend. . . . !"

Buchstabenornamentik und Inschriften auf Textilien.

Eine seltsame Erscheinung auf den Geweberesten dieser Zeit bilden die auf manchen Textilien befindlichen *Buchstabenornamente:* Man reihte eine oder mehrere Buchstabenformen fortlaufend aneinander und erzeugte damit eine Umformung des Buchstabens zum Ornament. Prof. Karabacek hat in seinem „Katalog der Theodor Graf'schen Funde in Aegypten" zuerst auf dieses merkwürdige Vorkommniss aufmerksam gemacht und diese Buchstaben als die Anfangsinitialen des einstigen Trägers zu erklären versucht. Ob diese letztere Deutung ihre Richtigkeit hat, möchten wir bezweifeln, aber Thatsache ist, dass sich in manchen Bordüren buchstabenartige Zeichen vorfinden und es herrscht alle Wahrscheinlichkeit, dass man wirklich Buchstaben gebräuchlicher Alphabete im angedeuteten ornamentalen Sinne verwendete. So erscheinen in unseren Stoffen die Buchstaben T (Tau), I (Jota), H (Eta), L (Gamma) u. s. w. in fortlaufender Reihe, oft abwechselnd bald aufrecht, bald verkehrt, als Bordüren oder einzeln zur Ausfüllung von Lücken resp. Flächen angewendet. Auch das mehrfach vorkommende Zeichen Fig. 20, VIII scheint ein Buchstabe und zwar eine Ligatur von M I darzustellen. Besonders häufig erscheint das Gammazeichen angewendet (vgl. Fig. 22, VIII) und es dürfte Karabaceks Vermuthung zutreffen, dass mit dieser Gamma-Ornamentik jene Textil-Erzeugnisse gemeint sind, welche Anastasius Bibliothecarius (Mitte des IX. saec.) mit der Bezeichnung „Gammadiae" belegte. In diesem Sinne könnten wir von den derart geschmückten Bordüren von „Gammadionborten" sprechen. Diese gelangten im VI. bis IX. saec. über Alexandrien nach Europa und müssen also in Aegypten oder im Oriente ihre Entstehung gefunden haben. Gewöhnlich erscheinen die Gammadions in mehreren Farben abwechselnd, wie dies Fig. 1, XV veranschaulicht. Es wäre dies also nichts anderes, als die von uns oben mit dem Namen „Farbenmosaik" belegte Ornamentweise, welche wir als für die byzantinische Zeit characteristisch ankündigten. Diese neue Zierweise sehen wir im VI. Jahrhundert von Osten her in Europa auftauchen und mag sie also in ihrem Ursprunge ungefähr in das V. Jahrhundert zurückreichen. Damit deckt sich wieder unsere Datirung der dritten resp. byzantinischen Epoche. — In erweiterter Form sehen wir die Buchstabenornamentik bei Fig. 5, XI resp. 25, VIII (liebe, liebe, liebe) und endlich ebendort in Form des ältesten Monogramms Christi das Zeichen Fig. 24, VIII als Ligatur von I und X angewendet. Dieses wiederum findet sich vereinigt mit dem Kreuzzeichen in Fig. 14, XIV und zwar bereits in Geweben der ersten christlichen Zeit (vgl. Fig. 7, V). Später, d. h. im IV. und V. Jahrhundert, tritt an Stelle dieser ältern Christusmonogramme das byzantinische Monogramm Fig. 21, VIII, eine Ligatur von X und P, sowie das in einen Ring eingeschlossene Monogramm Fig. 12, XII mit den beiden biblischen Buchstaben Alpha und Omega („Anfang und Ende"). Hier aber diente es nicht mehr als blosses Ornament, sondern als weithin sichtbares, auf das Kleid aufgenähtes Symbol des Christen — wahrscheinlich als das Abzeichen eines christlichen Priesters, denn zu diesem Rond gehört zugleich das ca. 11 cm im Durchmesser haltende Kreuzeszeichen Fig. 16, XII. — Auch der Brustlatz Fig. 8, XII ist mit das Dessin eingefügten Buchstaben geziert und erkennt man dort abermals die Ligatur von M I, Omega u. s. w. Auch in Fig. 1, X scheinen Buchstaben eingefügt zu sein und ebendort beobachten wir wiederum das ältere Christusmonogramm I. X. (vgl. Fig. 26, Taf. VIII).

Ganze Wörter demonstriren uns Fig. 27 und 28 (VIII). Fig. 27 ist mit rother Seide auf Leinen gewirkt und wiederholt in zwei Linien in grösseren Abständen je drei Mal: „heilig, heilig, heilig". — Fig. 28 ist über einer Reiterfigur angebracht; das Ganze ist ein weiss und schwarz farbiges Seidengewebe. Die Inschrift erscheint verkehrt eingewoben und ist von hinten nach vorn zu lesen, was den Namen „Joseph" ergibt[1]).

Längere Inschriften sind von grosser Seltenheit. Das Düsseldorfer Museum besitzt einen Schleier und das Wiener Museum ein Tuch, beide mit eingewirkten grössern Inschriften. Unsere Sammlung weist beides auf, und zwar einen prächtigen Schleier mit Inschrift von 60 Buchstaben, und ein Leinentuch mit doppelter Inschriftlinie, ca. 80 Buchstaben umfassend. Der *Schleier* (Fig. 8, X) besteht aus überaus feinem, weitmaschigem Wollengewebe von dunkelblauer Farbe; in dieses sind mit weisser Seide drei Ornamentstreifen, das Zeichen Fig. 30, VIII und eine koptische Inschrift mit 60, ca. 1 cm hohen Buch-

---

[1]) Beide Stücke werden im zweiten Bande vollständig zur Abbildung gelangen.

staben eingewirkt. Ihre Entzifferung ist bis heute noch nicht gelungen. Anfang und Ende derselben sind mit dem christlichen Symbol der sich schnäbelnden Tauben geschmückt.[1]) *Das Leinentuch* zeigt gelbfarbigen Seideeinschuss und neben ornamentalen Bordüren einen in mehrfarbiger Wolle und Seide gewirkten Heiligen mit erhobenem Finger (Christus?). Den beiden Längsseiten entlang ziehen sich, links anfangend, zwei Inschriftlinien, aus denen leider der Faden zum grössten Theil herausgemodert ist, wo aber immerhin noch auf Grund der entstandenen Stichlöcher die meisten Buchstaben mit Sicherheit erkannt werden können. Die obere Zeile umfasst ca. 38 Buchstaben in koptischer Schrift und heisst nach gefl. Uebersetzung von Herrn W. Spiegelberg: „Der Herr Jesus, der Christus, er segnet. Er hütet (und) wacht über …." Die untere Zeile ist noch unentziffert (vgl. Fig. 29, Taf. VIII)[2]).

Datirung und Zuweisung der Necropole von Achmim.

Allgemein ist man darüber einig, dass die Gewebe von Achmim zeitlich stark auseinanderliegen. Dies bestätigen sowohl die theils der Römerzeit, theils dem ersten Mittelalter angehörigen Todtenbeigaben, sowie die Textilien, deren älteres Material — wie wir oben gesehen — noch in die römische Zeit zu weisen ist, indessen der jüngere Theil in das Früh-Mittelalter fällt und byzantinisch ist. Der streng classische Styl und die Darstellungen unserer Textilien aus der römischen Epoche, verbunden mit dem dort fast gänzlichen Fehlen christlicher Symbole, weisen uns bereits *in die ersten Jahrhunderte unserer Zeitrechnung*. In unserem „Versuch einer Classification der antik-koptischen Textilfunde" haben wir für den römischen Theil dieser Textilien *die Zeit vom ersten bis dritten Jahrhundert n. Chr.* in Anspruch genommen, und es hat denn auch dieser Zeitbestimmung insofern ihre urkundliche Bestätigung gefunden, als eines der oben erwähnten hölzernen Todtentäfelchen (im Berliner königl. Antiquarium) der Inschrift zufolge in die Hadrianische Zeit, somit in die erste Hälfte des zweiten Jahrhunderts nach Christus fällt[3]). *Die Gründung der Necropole von Achmim mag also ungefähr in das erste oder zweite Jahrhundert n. Chr. zu datiren sein*, doch bleibt es nicht ausgeschlossen, dass einzelne Gräber resp. Gewebefragmente selbst noch in die vorchristliche Zeit gehören. Der in dieser Zeit geschaffene Styl durchlebte die ersten drei Jahrhunderte p. c. und fand auch in den darauf folgenden Jahrhunderten noch vielfachen Anklang. Nicht alle unserer „Gewebe der ersten resp. römischen Epoche" müssen also schon im ersten bis dritten saec. entstanden, sondern es können manche erst in späterer Zeit auf antike Vorbilder hin copirt worden sein. Der Copie fehlt aber gewöhnlich der Schwung und die Correctheit des Originals, und es dürfte also die Unterscheidung nicht allzuschwer fallen. Ausserdem bewirkte der im vierten Jahrhundert begonnene Umschwung in der Kunst- und Geschmacksrichtung — wie wir diese oben unter der „Uebergangsepoche" definirt haben — eine allmählige Verdrängung der classischen Formen. Wir sehen die Formenliebe der Farbenliebe Platz machen und verfolgen weiter im fünften und sechsten Jahrhundert das Auftreten der Gammadionborten und Farbenmosaik. Noch im neunten Jahrhundert war nach dem Zeugniss des Anastasius diese Zierweise Mode, und die spätbyzantinischen Manuscripte beweisen uns, dass annähernd dieselben Stoffe, wie sie das VI. bis IX. Jahrhundert sah, auch noch im X., XI. und XII. Jahrhundert getragen wurden. Schwer wäre es also, an Hand unserer Textilien das Ende unserer „dritten Epoche" resp. das Ende der Necropole von Panopolis zu fixiren. Hier kommen uns aber geschichtliche Thatsachen zu Hülfe: Im VII. saec. erscheint in Aegypten der Muhamedanismus und macht dort das Christenthum in Bälde aussterben. Wohl durfte man gegen eine gewisse Abgabe den alten Glauben beibehalten und bewahren, allein unzweifelhaft gestattete der siegreiche Islam kein demonstratives Tragen christlicher Symbole und Scenen auf der Kleidung nicht mehr. Der arabischen Eroberung folgte übrigens bald eine immer härter werdende Bedrückung der christlichen Bewohner und zahlreiche dieser giengen zum Islam über. In dieser Zeit mag die Todtenstätte von Achmim allmählig aufgegeben worden sein und ihre einstige Bedeutung verloren haben. *Diese Zeit des Verfalles wird im Ende des VII. oder im Laufe des VIII. Jahrhunderts zu suchen sein.* Daraufhin weist das Fehlen arabischer Inschriften,

---
[1]) Vgl. Fig. 32, Taf. VIII, wo die Inschrift für sich allein reproducirt ist.
[2]) Photographische Abbildung dieses Gewebes im II. Bde.
[3]) Vgl. Amtliche Berichte aus den kgl. Kunstsamml., 1. Oct. 1889.

wogegen manche koptische Inschriften bis in das VII. Jahrhundert hinaufzureichen scheinen. — Zeigen aber letztere auch koptische Buchstaben und koptischen Text, so darf gleichwohl nicht die ganze Bevölkerung unserer Todtenstadt als eine „koptische" und gleichzeitig das ganze Textilmaterial als „koptisch" bezeichnet werden. Wohl mögen in Panopolis zahlreiche Kopten gehaust haben, und mögen in der dortigen Necropole viele Kopten begraben worden sein, allein die Bevölkerung einer solchen Stadt war schon zur Römerzeit eine bunt zusammengewürfelte und lebten da Römer, Griechen, Kopten u. s. w. nebeneinander. Nichts weist in den Stoffen und Beigaben der ersten Epoche auf speciell „koptische" Todte — alles nur auf „Zeitgenossen der Römischen Kaiser". Es ist denn auch bemerkenswerth, dass in den ältern Stoffen (I.—III. saec.) koptische Inschriften fehlen, und dass solche erst mit der zweiten und dritten Epoche auftreten. Aber auch in diesen Zeitabschnitten war die Bevölkerung keine ausschliesslich koptische, sondern lebten neben den Koptenchristen auch andersgläubige Christen; nur die Landessprache war koptisch geworden, daher die koptischen Schriftzeichen und Laute. Wir sprechen also richtiger, statt von „koptischen Stoffen", von »ägyptisch-römischen« oder »antiken Geweben« einerseits und »byzantinischen Textilien« andererseits. Damit ist auch klarer gesagt, welchen allgemeinen Werth diese Funde für die Kenntniss der gesammten römischen und byzantinischen Kunst und Kultur in sich bergen!

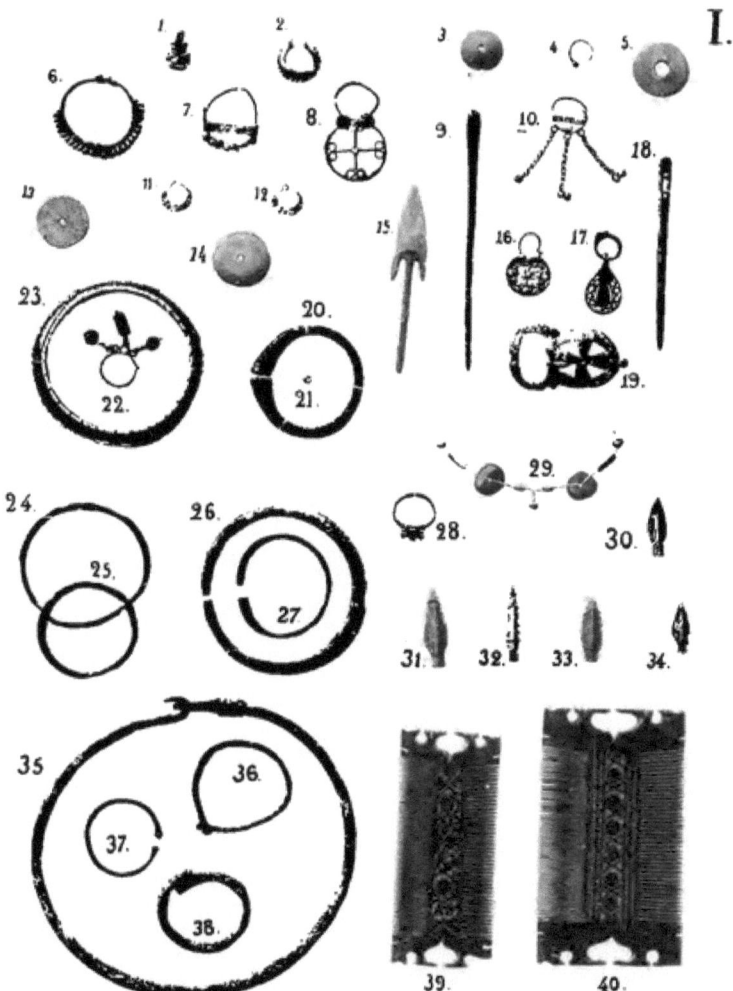

I.

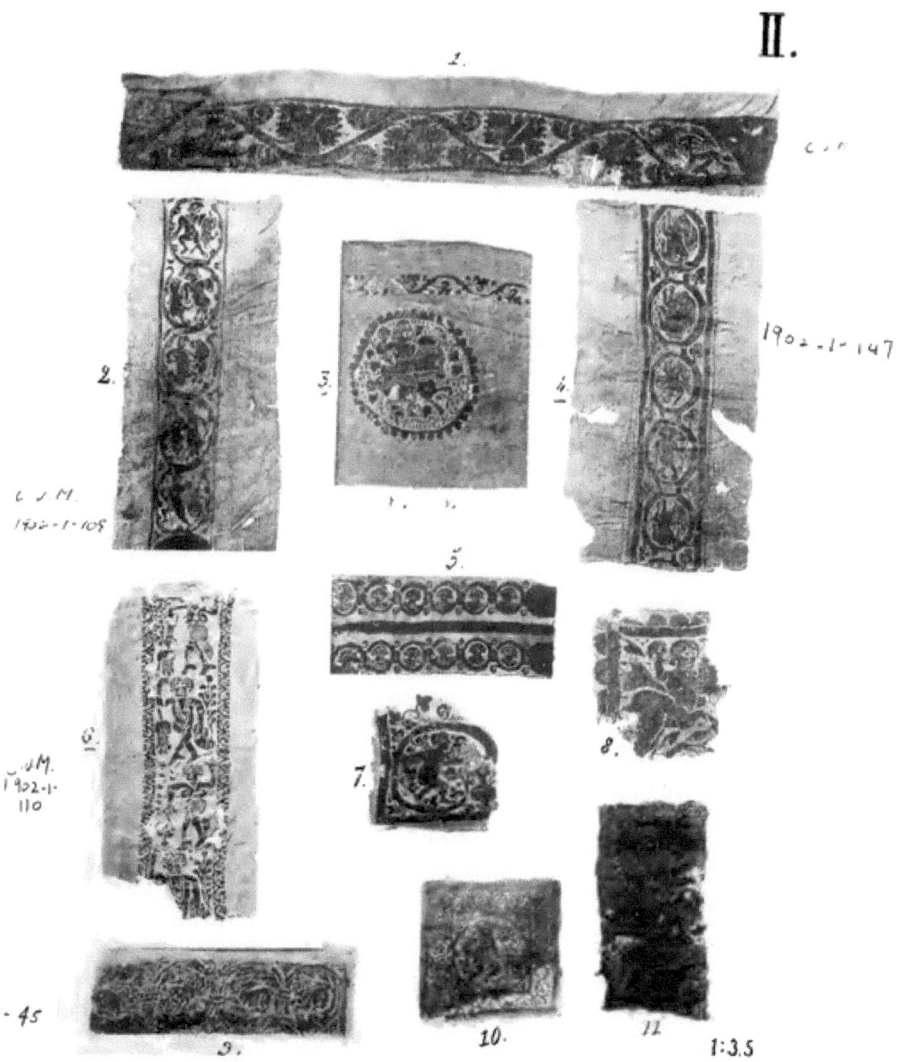

III.

1:4.5.

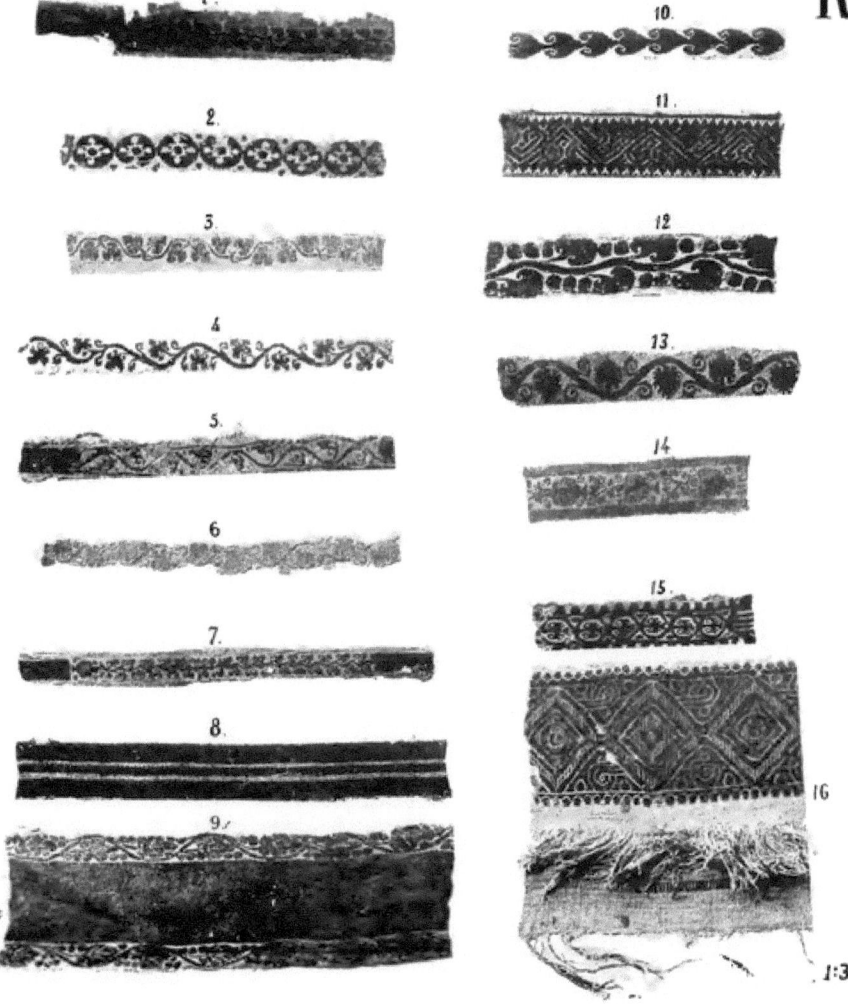

IV.

V.

1:4.

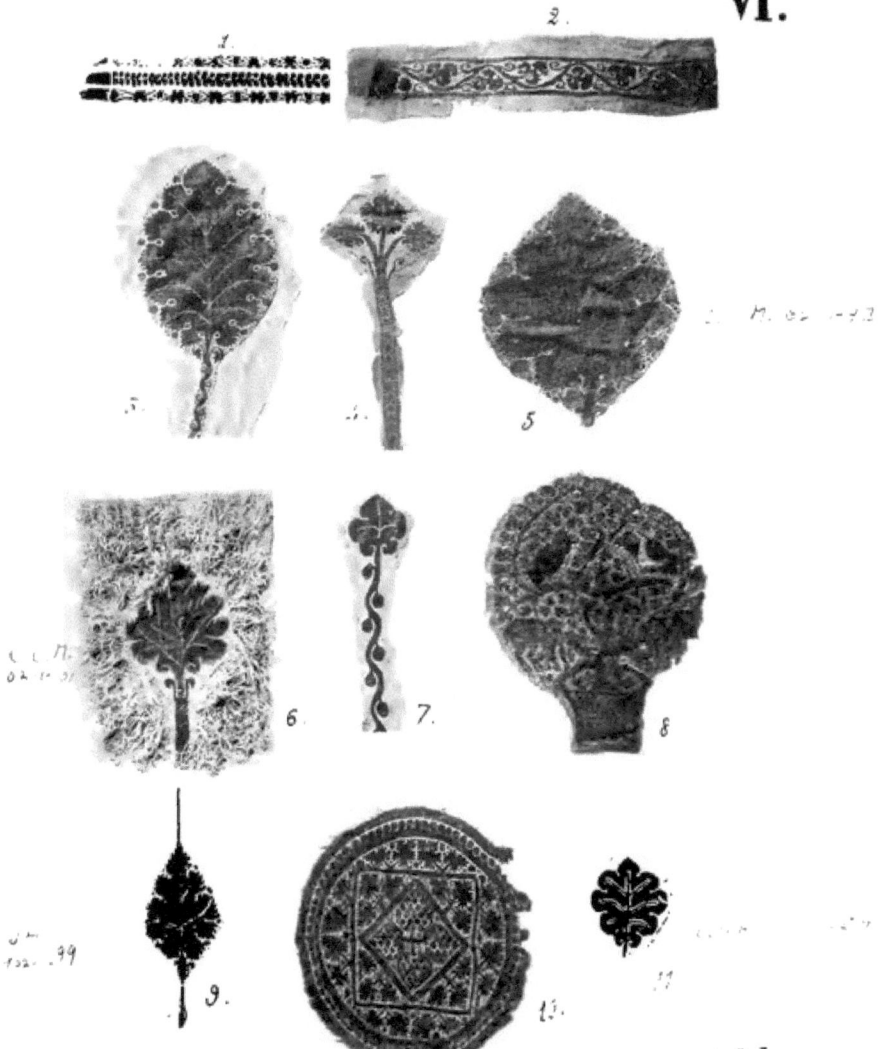

1:3,5.

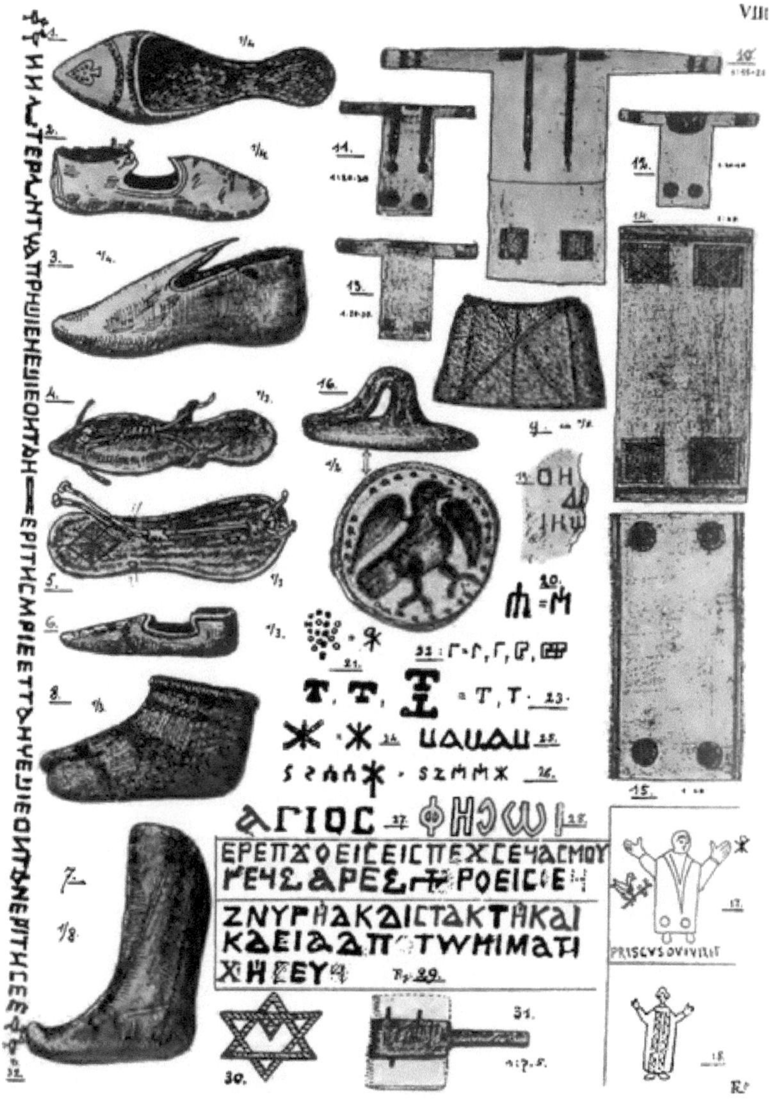

X.

1:4.

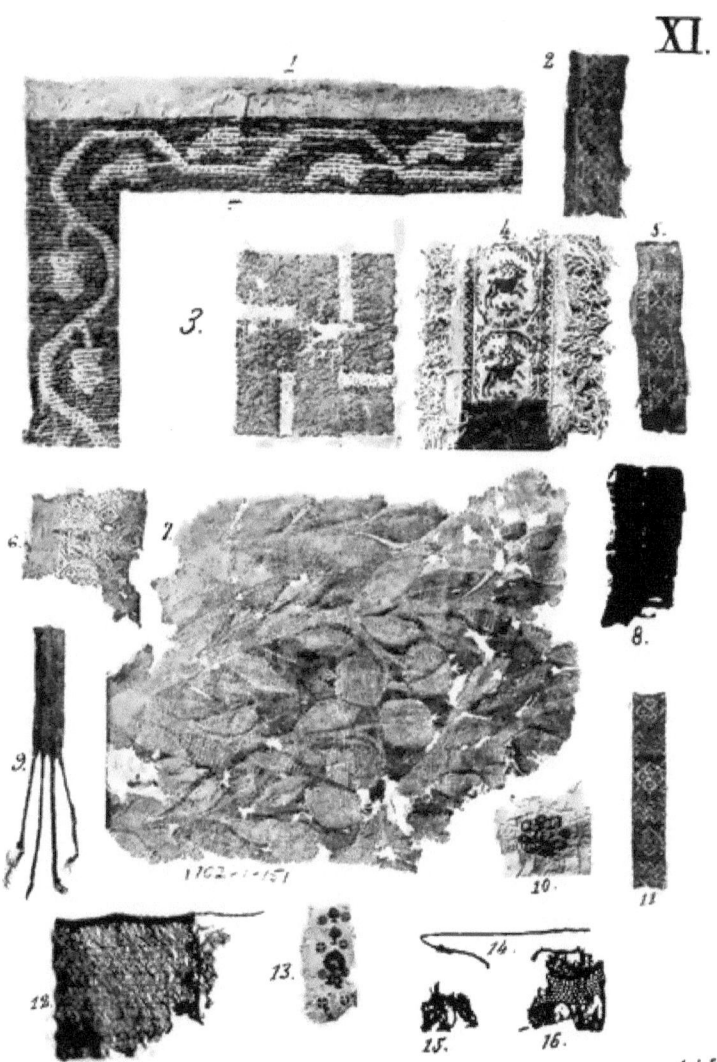

XI.

1:4,5.

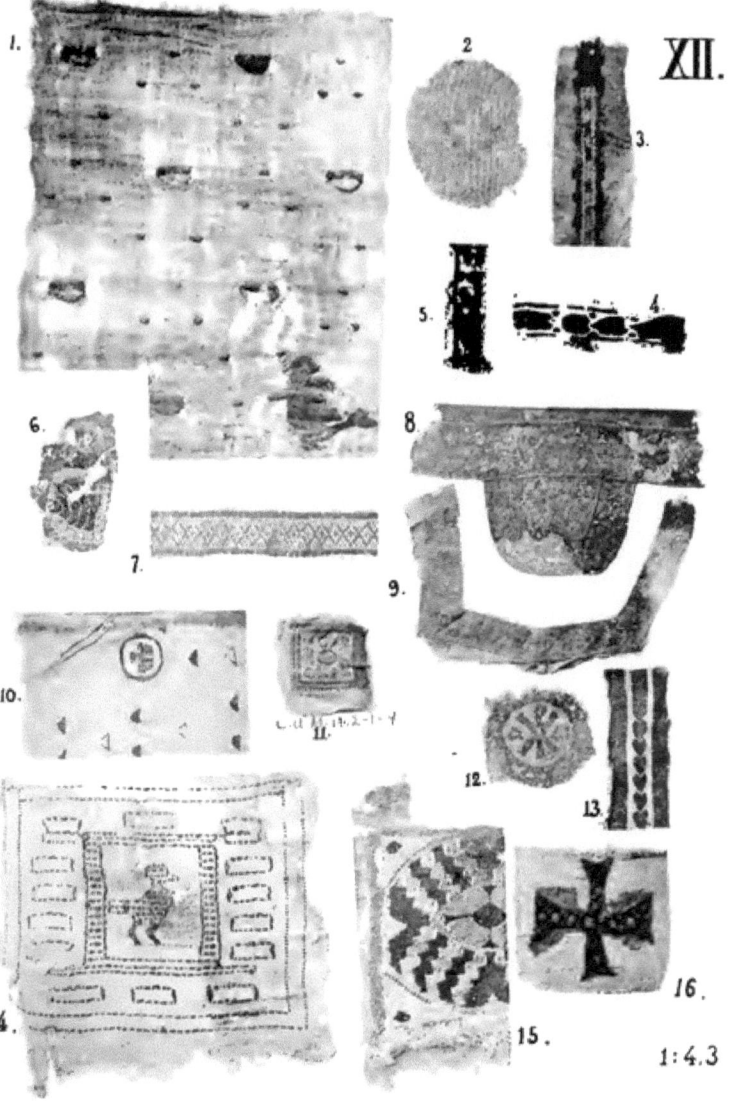

XIII.

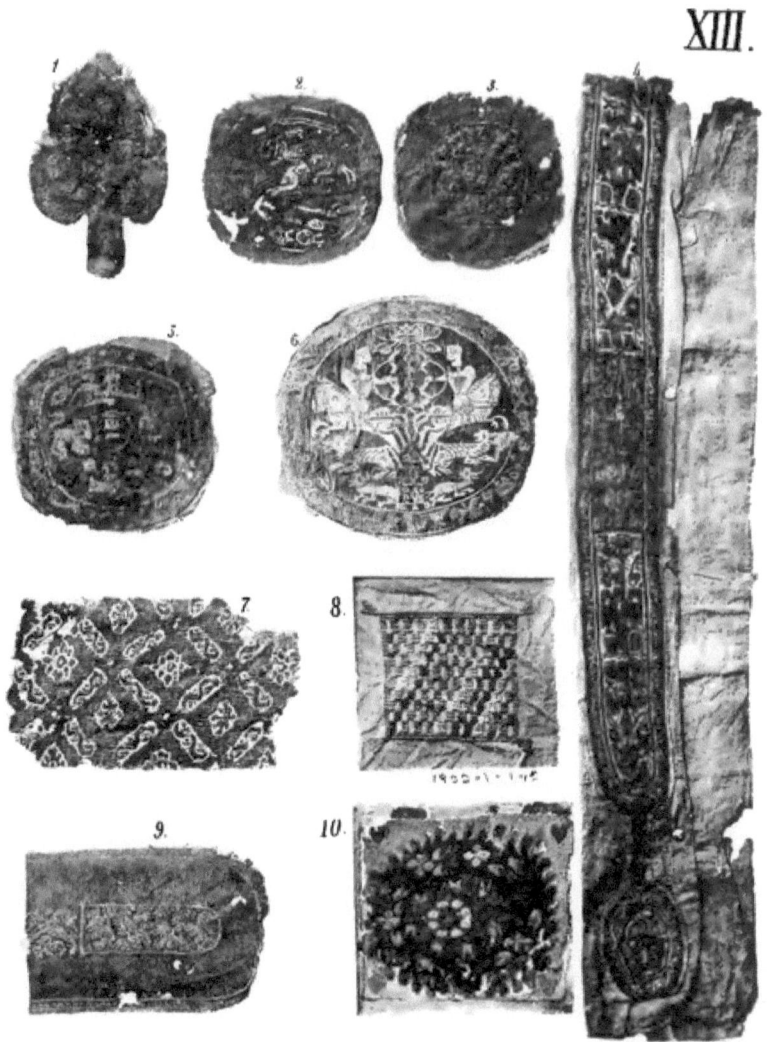

1:3.3.

XIV.

XV